心療内科産業医と向き合う職場のメンタルヘルス不調

事例で解説

会社と社員が最適解を導く方法

産業医事務所セントラルメディカルサポート 代表
石澤 哲郎

第一法規

はじめに

今、多くの会社で「メンタルヘルス対策」が経営上の重要なトピックスになっています。従業員の心身の健康を守ることが会社の安全配慮義務の一つであることは言うまでもありません。しかし、近年は会社の労務コンプライアンス（労働関係法令の遵守）に対して、社会全体からより厳しい目が向けられるようになっています。皆さんも、「長時間残業やパワーハラスメントを理由にうつ病を発症した」として会社が従業員から訴えられたり、自殺者が出た会社がいわゆる「ブラック企業」として報道されたり、三六協定違反で取締役などの経営層が書類送検された事件を目にしたことがあると思います。現代社会のなかで会社が健全に発展していくためには、メンタルヘルス対策をはじめとする適切な労務管理は避けて通れない経営課題です。

一方で、人事労務分野においては、メンタルヘルス対策やメンタルヘルス不調者の対応は難しい、と敬遠されがちです。その理由は、主に三つあると考えられます。

第一の理由は、メンタルヘルスの病気（≒精神疾患）は病状が客観的な数字で表せず、診断や回復過程の判断が難しいことです。たとえば、同じように気持ちが落ち込んでいる人でも、診断書には「うつ病」「抑うつ状態」「適応障害」「自律神経失調症」など主治医によって様々な診断名がつけられます。また体調不良の程度や原因は人それぞれであり、同じ治療や対応をすれば同じように良くなるとは限りません。

第二の理由として、メンタルヘルス不調が問題となるケースでは、職場自体にストレス原因がある場合が多く、「メンタルヘルス不調者が被害者、会社が加害者」といった構図が生まれやすいことが挙げられます。従業員も会社も「良い関係性で健康に仕事を続けること」を目標としていても、メンタルヘルス不調者と周囲の上司や同僚との不満がくすぶっているようなケースでは感情的な対立が生じ、お互い協力して現状を改善していくことの障害になってしまいます。

さらに第三の理由として、メンタルヘルス不調を抱えた従業員に対して会社が取るべき「適切な就業上の配慮」はケースによって異なるため、医学的診断や労務コンプライアンスの専門的知識に乏しい人事労務担当者だけでは、しばしば判断に迷う事態が生じることが挙げられます。

しかし複雑かつ困難に見えるメンタルヘルス不調者の対応も、細かい病状にとらわれすぎず、労務的な視点で俯瞰して考えることで、多くの場合は一定の解決を見つけることができます。病気そのものではなく就労環境をどのように取り扱うか考えること、つまり「○○病だから何か配慮しなくてはいけない」ではなく「仕事を続ける上で××に困難が生じているので、どう解決するか一緒に考える」という視点が大切なのです。

本書は3章構成となっており、第1章では職場のメンタルヘルスに関する基礎知識、第2章では具体的なメンタルヘルス対策について解説します。第3章は本書のメインとなるケーススタディです。メンタルヘルスに関連した多様かつ複雑な問題を抱え、産業医や人事労務担当者が対応に苦慮するであろう具体的な事例を20例紹介しています（事例はいずれも筆者が過去に産業医として経験したケースを、個人情報や会社名が分からないように大幅に改変して掲載しました）。各事例には医学的、労務的、法律的な観点から詳しい解説をつけましたが、できれば最初から解説を見るのではなく「事例の問題点はどこか」「どのように解決すればいいのか」といった点を考えながら読み進めてください。

労務問題は、しばしば従業員と会社との対立の構図で語られることが多いですが、全ての従業員が健康かつ意欲的に働き、その結果として会社が発展する状況が最善である、という点については誰もが異論ないはずです。本書が適正な労務管理と健全な職場作りのための一助になれば幸いです。

Chapter 2

職場のメンタルヘルスケア

Chapter 3

ケーススタディ
～対応困難事例に取り組む～

第1章

メンタルヘルスの基礎知識

メンタルヘルス不調とは

職場のメンタルヘルス対策を検討する前に、まずは基本的な知識を確認するところから始めましょう。従業員のメンタルヘルスに問題があること、いわゆる「メンタルヘルス不調」とはどのような状態を指すのでしょうか。メンタルヘルス不調について医学的・法律的に明確な定義はありませんが、本書では「職場や社会生活における心理社会的要因（ストレス要因）が原因となって、心身に不調をきたすこと」と定義して話を進めます。「ストレスの影響により」「心や体に悪影響が生じる病態」というところがポイントです。

メンタルヘルス不調の一般的なイメージは、「長時間労働やパワーハラスメントなどをきっかけに従業員がうつ病や適応障害などの心の病（精神疾患）を発症し、休養を要する事態となる…」といったところでしょうか。しかし同じ職場で同じように働いていても、Aさんはうつ病を発症して休職し、Bさんは健康診断で胃潰瘍が見つかり、Cさんは問題なく勤務を続けている、ということがあり得ます。

実は、メンタルヘルス不調には「心身の一番弱いところに出る」という特徴があります。つまり、精神面ではなく、身体的な症状が出る人もいるのです。たとえば「通勤電車でお腹が痛くなる」「会議の前に胃が痛くなる」「仕事中だけ血圧が上がる」などの症状は、心身症と呼ばれるメンタルヘルス不調の一つです。そうした視点でみると、Aさんのうつ病だけではなく、Bさんの胃潰瘍の原因も仕事のストレスにあったのかもしれません。またCさんは問題なく仕事をこなしているように見えますが、実際にはひそかにストレスを抱えている可能性があります。ここでAさんが休職したことやBさんが体調を崩したことにより業務負担が増せば、Cさんまで心身の調子を崩してしまうかもしれません。Aさんの休職を「個人の問題」として片づけてしまうと、職場全体の環境を改善するチャンスを逸してしまう可能性があるのです。

このように同じような状況でも人によって全く違う症状が出ることが稀ではないため、職場のメンタルヘルス対策を考える上では個々の症状への対応に終始するのではなく、「この従業員はどうして体調を崩したのか」「職場の環境をどうすれば、ストレス要因が減り、症状が改善できるのか」といった大きな視点で職場全体を俯瞰することが大切です。

ストレスとメンタルヘルス不調の関係

ではここで、メンタルヘルス不調の原因である「ストレス」について、もう少し具体的に考えてみましょう。

日常生活でも「仕事が忙しくてストレスがかかっている」とか「ストレスで胃が痛い」といった言葉を使いますが、そもそもストレスとは何でしょうか。この点は、ストレスを生活のなかで心身にかかる外的圧力である「ストレス要因」(ストレッサーともいう)と、ストレス要因によって引き起こされる「ストレス反応」に分けて考えると理解しやすくなります。たとえば「仕事のストレスで胃が痛い」という人は、仕事が「ストレス要因」であり、「ストレス反応」として胃の痛みが出ている、ということになります。

主なストレス要因

労働者のストレス要因というと、多くの人は長時間労働や上司によるパワーハラスメントや激しい叱責といった、職場での強い精神的負担となるエピソードを思いつくのではないでしょうか。しかしそれ以外にも、ストレス要因となる些細な出来事は日々、日常生活の中で発生しています。朝、通勤ラッシュで電車内が込み合っている、毎日お客様に電話をかける必要がある、会議までにエクセルでデータをまとめなくてはならない…。これらは「デイリーハッスルズ」と呼ばれ、労働者の主要なストレス要因であることが知られています。

また、プライベートのストレス要因も無視できません。別居や離婚、家族の体調不良、育児や介護、子供の不登校、借金やローンといった経済的問題など、私的な生活環境においても、誰もが何

◉主なストレス要因

職場のストレス　　職場以外のストレス

かしらのストレスを経験しているのではないでしょうか。

さらに、ストレス要因は負のイメージを伴うものだけではありません。たとえば「昇格して社運をかけたプロジェクトを担当することになった」「転勤で新しい土地に引っ越すことになった」といった、喜ばしい出来事やニュートラルな出来事でも、そのインパクトの大きさや受け止め方によっては強いストレスになることがあります。

ストレス負荷によるメンタルヘルス不調の発症

メンタルヘルス不調の発症は、よくコップの中の水に例えられます。仮に一つひとつが小さなストレス要因であっても、それが積み重なるうちに、だんだんと心のコップの水位が上がり、コップの容量（＝本人のストレス耐性）を超えると病気が発症してしまう、というイメージです。

ストレス要因が積み重なり、だんだんと心のコップの水位が上がっていたとしても、一人で抱え込まずに職場の同僚や上司、家族や友人に悩みを打ち明けることができる人であれば、コップの容量（＝本人のストレス耐性）を超える前に、適切なストレス対処ができる可能性が高まります。しかし、職場でのコミュニケーションが取りにくい状況や、独居で知り合いが少ない環境では、コップから水が溢れ出して（＝病気を発症して）初めて、周囲が気づく事態となります。ストレス耐性は人によって大きく異なるため、ある人は「こんなこともある」と受け流すことができても、別の人には、重大な問題として心身の負担となることがあり得ます。

このように、職場の様々なストレス要因と、職場外での要因（プライベートな出来事）、個々人のストレス耐性の強さ、職場や家庭でのサポートの有無などの緩衝要因が多重的に関わってメンタルヘルス不調を発症するか否かが決まるため、同じような職場環境でも、人によってメンタルヘルス不調のなりやすさに大きな個人差があります。これを分かりやすくモデル化したものが、米国国立労働安全衛生研究所（National Institute for Occupational Safety and Health, NIOSH）が提案し

◉NIOSHの職業性ストレスモデル

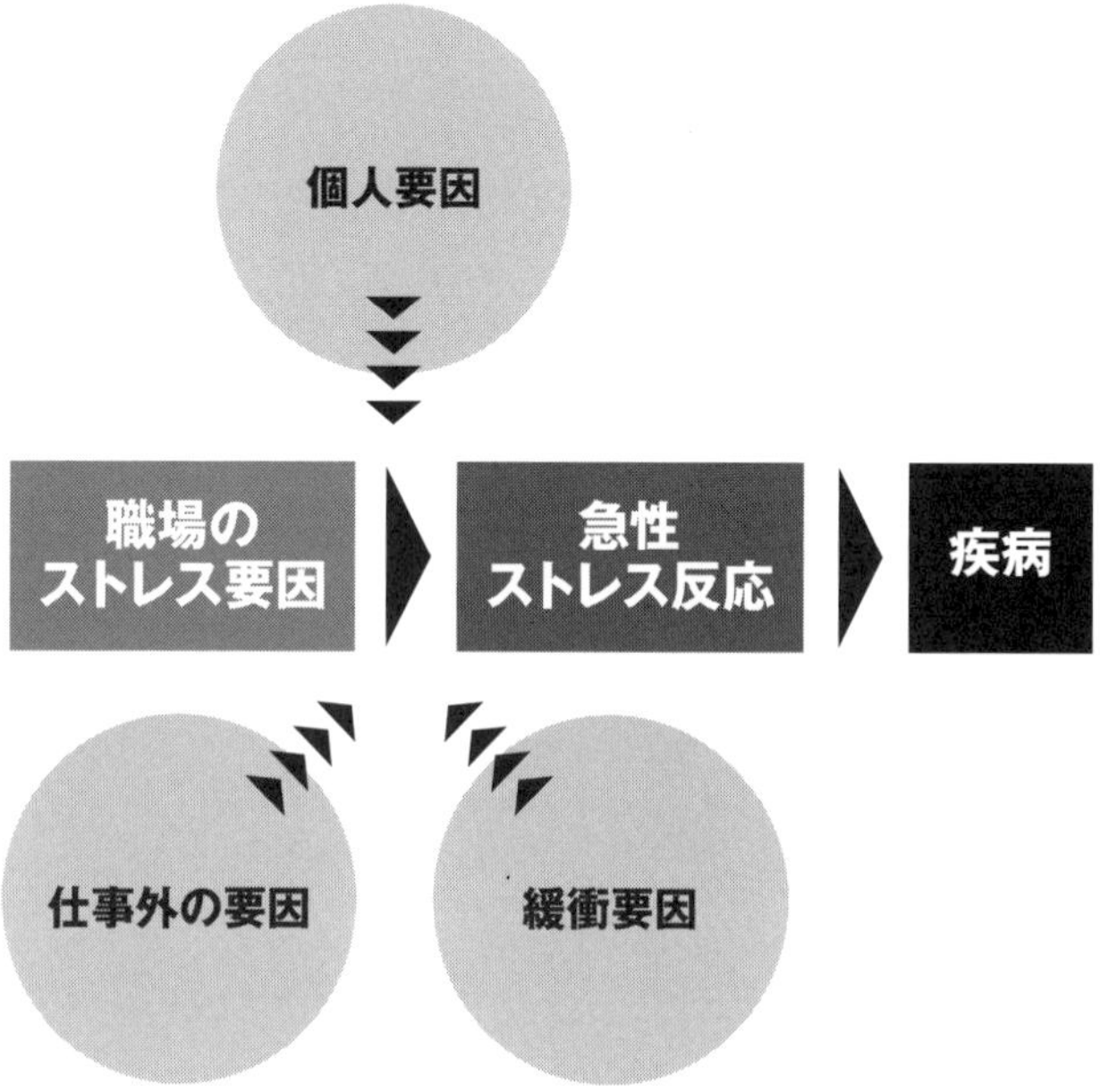

た職業性ストレスモデルです（上図）。

このモデルのポイントは、職場のストレスから急性ストレス反応が生じる経過に「個人要因」「仕事外の要因」「緩衝要因」が関係する、という点です。

個人要因とは個人の性格傾向などに起因したストレス反応の起こりやすさ（＝ストレス耐性）のことです。たとえば長時間労働についても、まったく気にしない人もいれば、すぐに疲労がたまってしまう人もいます（特に管理職の方は「自分は大丈夫だから部下も大丈夫」が通用しないことに注意してください）。仕事外の要因にはプライベートのストレスや家族のサポートの有無、緩衝要因には上司や同僚の支援などが含まれます。

たとえば仕事上のストレス要因を除去

できなくても、前向きな考え方を身に付けることができればストレス反応は小さくなります。また家族や上司のサポートを強化できれば、メンタルヘルス不調の発症を防ぐことができるかもしれません。メンタルヘルス不調が疑われる従業員に対応する際にはこのモデルを思い出し、どこの部分にアプローチすべきか考えながらサポートを進めるとよいでしょう。

なお、労務トラブルが生じるケースでは、病気になった従業員は「仕事のせいで体調を崩した」と考える一方、上司や人事労務担当者は「本人の問題で病気になった」と考えがちです。しかし、一つのストレス要因や個人のストレス耐性が全ての原因であるケースはほとんどありませんので、それを念頭に関係者全員が認識の違いを擦り合わせていく努力が大切です。

メンタルヘルス問題の現状

ところで皆さんは、以前よりもメンタルヘルス不調とその対策が労務管理の重要な問題になっていると感じていませんか。この点をいくつかのデータから確認してみましょう。

◉気分〔感情〕障害(躁うつ病を含む)患者数の推移

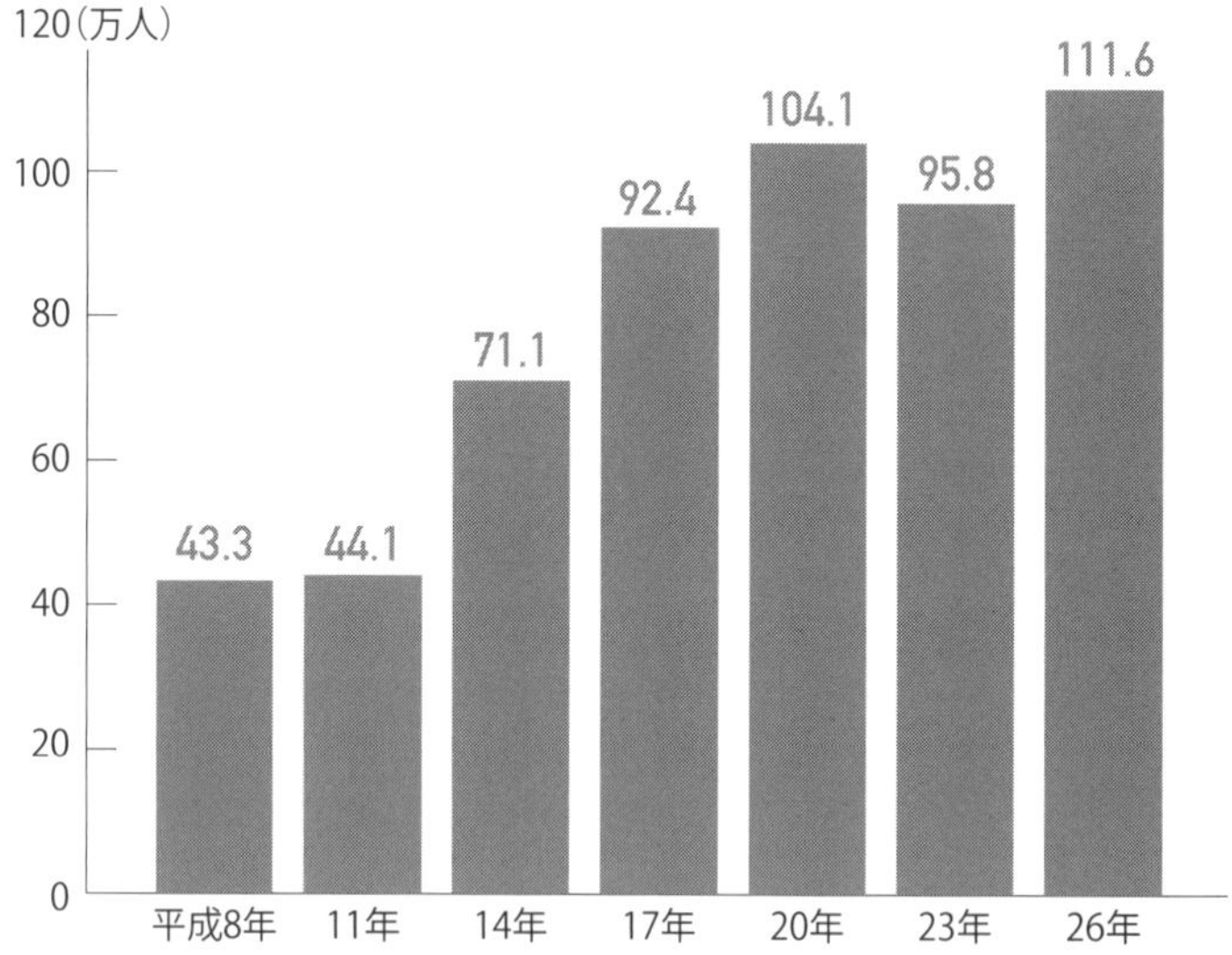

出典:厚生労働省平成26年患者調査より作成

メンタルヘルス不調者数の増加

上のグラフは、厚生労働省の調査に基づく、気分障害と診断された患者数の推移を示しています(気分障害とはうつ病や躁うつ病など、気分の落ち込みを主訴とする病気の総称です)。

特に患者数が右肩上がりに増加しているのが見て取れると思いますが、気分障害の大半を占めるうつ病は特に増加傾向が顕著であり、現在では約100万人が治療を受けていると推定されます(平成23年(2011年)に少し減っているように見えるのは、東日本大震災の影響で一部地域のデータが抜けているためです)。また医療機関を受診していないと数字に現れないので、この資料に出てこない「隠れうつ病」まで含めると、患者数は数百万人にのぼるといわれています。うつ病をはじめとするメンタルヘルス不調者の増加は世界的な傾向であり、今やメンタルヘルス不調は特別な病気ではないことを理解してください。

働き盛り世代の自殺問題

別の視点として、自殺の問題を取り上げてみましょう。日本はもともと自殺者が多く、特にバブルがはじけた後から10年以上にわたり年間自殺者数が3万人を超えたため、厚生労働省はいわゆる「3万人ライン」を切るべく様々な対策を講じてきました。自殺予防の啓蒙活動や景気の回復に伴い2012年以降は3万人を切るまでに減りましたが、未だに諸外国と比較すると極めて高い水準が続いています。

また厚生労働省発表の自殺統計（2016年）によると、職業別では「被雇用者・勤め人」（いわゆるサラリーマン）が自殺者の3割近くを占めています。20代、30代の死因の第1位、40代の第2位は自殺であり、この点からも特に働き盛りの世代にとって自殺が深刻な問題であることが分かります。

自殺者はどのような理由で自殺既遂に至るのでしょうか。同じ厚生労働省の統計資料によると、自殺の動機の第1位は「健康問題」で、第2位は「経済的問題」です。実は、自殺の最も多い原因はうつ病や統合失調症をはじめとする精神疾患であり、末期がんや脳梗塞といった身体疾患も含めた「健康問題」が自殺原因の約半数を占めています。次に多い経済的問題は、リストラによる失業や経営者の倒産、借金問題などが含まれます。

勤労者の多くは若壮年期にありますので、老年期に比べて重い健康問題を抱えていることは少なく、経済的にもある程度保障されています。それにもかかわらず、これだけ自殺が多いのは大きな社会問題と言わざるを得ません。

なお、自殺の主因（健康問題や経済的問題など）にかかわらず、自殺者の9割近くは自殺直前にうつ病などのメンタルヘルス不調を有しているという研究結果があります。このような視点からも、働き盛りの世代の自殺予防は、まさにメンタルヘルス対策そのものといえるでしょう。

日本では国を挙げて自殺予防を目的としたメンタルヘルス対策に取り組んでおり、２００６年に自殺対策基本法が施行されるとともに、厚生労働省が「労働者の心の健康の保持増進のための指針」を策定しました。２０１４年には過労死等防止対策推進法が制定され、２０１５年12月に始まったストレスチェック制度も、元は勤労世代の従業員の自殺予防を目的として発案されています。

メンタルヘルス問題と会社のリスク

職場のメンタルヘルス対策を行う一番の目的が、従業員の心身の健康を守ることにあることは言うまでもありません。しかし、仮にメンタルヘルス対策がうまくいかなかった場合、会社にはどのようなリスクが発生するのでしょうか。ここでは、法的リスク（労災認定リスク、民事賠償、刑事責任）とそれ以外のリスクをそれぞれ検討してみましょう。

法的リスク

●労災認定リスク

誰もが最初に思いつく法的リスクは労働災害（労災）の問題でしょう。労災保険制度は一言で言うと、従業員の病気や怪我の発症および悪化に業務が影響している場合に、会社が加入する公的保険から経済的保障を受けることができる、というものです。

労災は「業務起因性」（業務が怪我や病気の原因になったか）と「業務遂行性」（業務中に発症した、または有害因子を受けた怪我や病気であるか）という2つの条件が満たされた場合に認定されます。発生状況別に大きく分けると「業務上労災」と「通勤労災」があり、前者は「従業員が高所作業中に転落して、内臓破裂した」などのケース、後者は「従業員が通勤中に駅で転倒して、足を骨折した」などのケースが典型例です。

このような事故に関連した事例は労災認定の判断がつきやすく、したがって争いになることも少ないのですが、一方で問題となりやすいのは「業務上疾病」です。業務上疾病とは、本来、特定の業務に従事していることによってかかる、もしくはかかる確率が非常に高くなる病気を指します（いわゆる職業病）。では、就業中にある疾患を発症した場合、たとえば次のような事例では業務上疾病と認められるでしょうか。

①職場の移転作業で重い荷物を繰り返し運んでいた従業員が、ギックリ腰を発症した。
②慢性的な長時間労働をしていた従業員が、ある日通勤中に心筋梗塞になって倒れた。
③上司からの厳しい指導を受けた部下が、うつ病になった。

いずれも業務に関連しているようですが、①の従業員はもともと腰椎ヘルニアなどの持病があった可能性があります。②の従業員は高血圧や糖尿病などの生活習慣病を放置していたことが心筋梗塞の原因かもしれません。③のケースでも、上司の指導がパワハラに該当するような不適切なものであったかどうかはよく確認する必要がありそうです。

メンタルヘルス不調に関連した労災は、③のように判断が難しいケースが多いため、現在は２０１１年に策定された「心理的負荷による精神障害の認定基準」に基づいて労災認定が行われます。この基準では、長時間労働やハラスメントなどの業務による心理的負荷と、業務以外（プライベート）の心理的負荷、申請者の個体側要因（性格傾向など）を総合的に検討した上で、業務による強い心理的負荷が原因で精神障害を発症したと判断される場合に労災が認められる、という流れになります。近年長時間労働やハラスメントの問題がクローズアップされている社会的な変化もあり、以前よりも業務による心理的負荷と認められやすくなっている点に留意することが必要です。

27頁のグラフは、うつ病を中心とする精神障害等の労災補償状況に関するグラフです。認定件数に着目すると、平成12年（２０００年）ごろは精神障害（主にうつ病）で労災が認められた件数は、わずか36件でした。しかし、平成11年（１９９９年）に具体的な労災認定基準である「心理的負荷による精神障害等に係る業務上外の判断指針」が策定されたことや、平成12年3月に大手広告代理店の若手従業員が長時間労働により過労自殺した痛ましい事件の最高裁判決が出たことをきっかけに、精神障害を理由とした労災申請が急増しました。さらに平成23年（２０１１年）12月には前述の「心理的負荷による精神障害の認定基準」が新たに定められ、現在ではこれに基づいて労災認定が行われています。平成24年（２０１２年）以降は毎年５００件近い労災認定がなされるようになっており、脳卒中や心筋梗塞などの脳血管・心臓血管障害による労災認定件数（年間３００件程度）を大幅に上回る状況が続いています。

●民事賠償リスク

労災認定自体も会社にとって無視できない問題ですが、より重大な問題として、労災認定は容易

◉精神障害等の労災補償状況

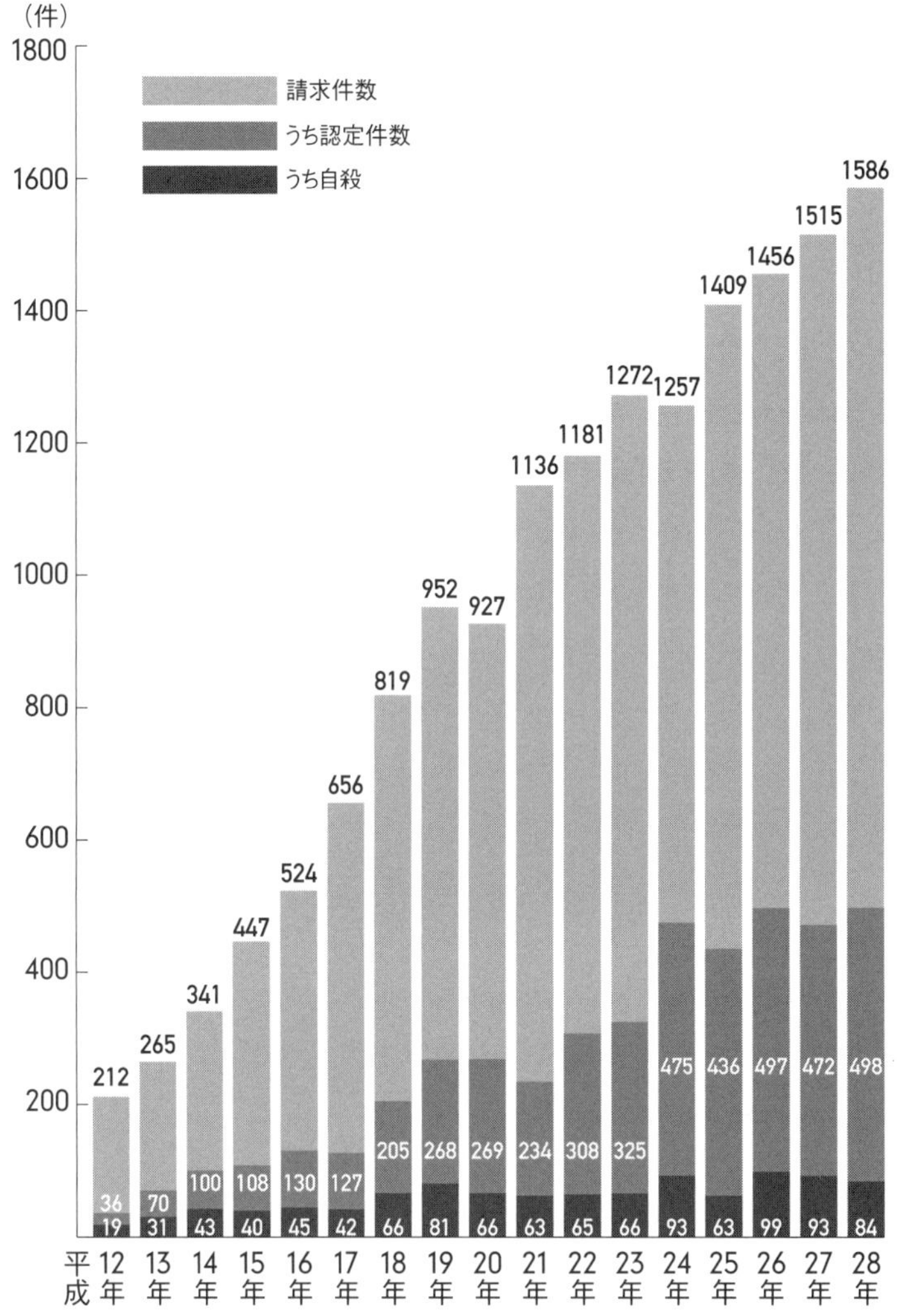

出典：厚生労働省報道発表資料より作成

に民事賠償リスクに発展する点が挙げられます。労災保険制度は体調を崩した従業員を守るための制度であり、業務に起因して生じた疾患であれば、会社の過失の有無にかかわらず労災と認められます。しかし多くの場合「労災が認められた＝会社のせいで（過失で）病気になった、自殺した」と本人や遺族が判断することにつながりやすく、労災が認められた場合、本人や遺族が会社を相手取って裁判を起こすケースが少なくありません。もちろん労災が認められなかった場合でも会社が訴えられるリスクはありますが、労災認定された場合は裁判でも会社側が敗訴する可能性が高まり、会社にとってより厳しい状況になります。特に本人が社会復帰できなかった場合や自殺した場合には逸失利益（病気にならなければ得られたはずの賃金など）が高額になるため、会社側に1億円を超える損害賠償が命じられるケースも稀ではありません。

●刑事責任リスク

メンタルヘルス不調者の労災申請をきっかけに、長時間残業の横行などの会社の労働法違反行為が見つかる場合があります。たとえば三六協定の範囲を超える残業をさせることは、労働基準法の罰則規定にも該当し得る違法行為です（コラム⑦（100頁）参照）。以前は会社側に是正勧告が出るだけで済むケースが多かったのですが、最近は三六協定違反を理由に会社の刑事責任を問われ、会社や経営者、所属長などが書類送検までされる事例が増えています。また2017年5月より、違法残業などの労働基準関係法令違反で各都道府県労働局が公表した事案が、厚生労働省のホームページに集約され、社名とともに公表されています。国は、メンタルヘルス不調による休職や自殺が相次ぐ状況に対して、事業者の刑事責任を問う姿勢を強めているのです。

経営リスクとしてのメンタルヘルス問題

今まで挙げたような法的リスク以外にも、従業員のメンタルヘルス不調を放置することには、本人のみならず会社全体に次のような負のサイクルをもたらす可能性があります。

- 不調をきたしている従業員の生産性（パフォーマンス）が低下する。
- 業務を継続するために新規採用が必要になり、採用や教育のコストが増加する。
- 不調者のサポートをする上司や同僚の負担が増え、更なるメンタル不調者を出すなど二次的な被害につながる。
- 職場全体のモチベーションが低下し、生産性（パフォーマンス）やモラルが低下する。
- 「ブラック企業」とインターネット上で名指しされるなどの風評被害を受ける。
- （風評被害の結果）新人の採用が難しくなる。
- 人手不足から従業員の業務負担が増え、さらなるメンタルヘルス不調者を生む。

独立行政法人経済産業研究所の研究報告では、メンタルヘルス不調に伴う離職やパフォーマンス低下は企業の利益率に悪影響を生じさせることが示唆されています。具体的には、企業のメンタルヘルス休職者比率が0・1%上昇すると、売上高利益率は2年後に0・16%低下するという結果が出ています。メンタルヘルスの休職者比率は、長時間労働などの不適切な労働慣行や職場管理の悪さの代理指標になっていると解釈できます。このような数字を見れば、メンタルヘルス対策が企業経営の観点でも無視できないものであることが理解できるのではないでしょうか。

メンタルヘルス不調の診断

ここまで、メンタルヘルス不調者が近年増加しており対策が急務であるとともに、企業経営にも重大な影響を与えていることを解説しました。では、心身の不調に陥った従業員を、心療内科医や精神科医はどのようにメンタルヘルス不調と診断し、復職にむけて治療しているのでしょうか。

メンタルヘルス不調の診断基準

やや専門的な話になりますが、メンタルヘルス不調を構成する精神疾患（メンタルヘルス疾患）は、糖尿病や脳梗塞などの身体疾患とは異なり検査値などの客観的な基準がないため、心療内科医や精神科医はDSM－5（米国精神医学会の精神疾患の診断・統計マニュアル、改訂第5版）やICD－10（WHOの疾病および関連保健問題の国際統計分類第10版）と呼ばれる国際的な診断基準に当てはめることにより診断を行っています。

最近は「血液検査でうつ病が診断できる」といった広告なども見かけますが、2017年7月現在ではメンタルヘルス疾患を正確に診断できる血液検査や脳画像検査はありません。近年医療機関で導入が進んでいる光トポグラフィー（頭に赤外線を当てて脳血流を調べる検査）は、うつ病と双極性障害や統合失調症との鑑別診断に有用ですが、それだけで健常者とメンタルヘルス疾患の患者さんを区別できるような検査ではありません。

具体的な診断方法

最も典型的なメンタルヘルス疾患であるうつ病について、DSM－5の診断基準は33頁の通りとなっています。この基準を満たした場合に、医師は「この患者さんはうつ病である」と診断します。

いかがでしょうか。確かにうつ病の人は気持ちが落ち込みますし、食欲がなくなったり、不眠に陥るイメージがあると思います。集中力低下や自殺念慮（自殺したいという気持ちを持つこと）といった症状も盛り込まれており、一見すると概ね適切な内容に思えます。

診断基準の落とし穴

しかしこのDSM－5の診断基準には、見落としてはいけない大きな問題があります。それは通常の身体疾患の診断と異なり、本人の主観的症状のみに基づいて診断を行っている点です。つまり精神疾患は「病因（病気の原因）」ではなく「症候（自覚症状）」に基づいて診断されているのです。誤解をおそれずに言い換えれば、「うつ病と診断される人は、自分をうつ病だと認識している人」ということになります。そのため「自分がメンタルヘルス不調になるわけがない」と考えている人は病気の発見が遅れがちであり、最悪の場合、自殺にまで追い込まれてしまう場合もあります。

一方で、患者さんが診断基準に該当する自覚症状を訴えれば一律に診断がついてしまうことから、本来の病気の概念と異なるケースや、そもそも病気として取り扱うべきか微妙なケースまでメンタルヘルス疾患に含まれてしまう、ということも最近問題視されています。皆さんも「最近（従来型と異なる）現代型うつ病が増えている」といったニュースを見聞きしたり、実際の従業員対応で強い違和感を覚えたことがあるかもしれません。たとえば「がん」のような身体疾患でも一人ひとりの病状は異なりますが、メンタルヘルス不調はさらに多彩であり、診断名と適切な労務サポートが一対一対応にならない点に注意が必要です。

◉うつ病の診断基準

以下の症状のうち5つ以上が2週間以上持続している。
またそれらの症状のうち、少なくとも1つは
①または②である。

---

① ほとんど毎日・1日中持続する抑うつ気分

② ほとんど毎日・1日中持続する興味または喜びの喪失

③ ほとんど毎日続く食欲の減退あるいは増加、体重の減少あるいは増加

④ ほとんど毎日続く不眠あるいは睡眠過多

⑤ ほとんど毎日続く精神運動焦燥（イライラ感）または制止（精神活動の低下）

⑥ ほとんど毎日続く疲労感または気力の減退

⑦ ほとんど毎日続く無価値感または過剰な罪責感

⑧ ほとんど毎日続く思考力や集中力の減退または決断困難

⑨ 死について繰り返し考える、自殺念慮、自殺企図

※これ以外にも「日常生活に支障をきたしていること」や「他の病気がないこと」といった基準も満たす必要があります。

出典：DSM−5の診断基準を基に作成

コラム 1

診断書の読み方

従業員の主治医から診断書を受け取った際に、「この診断名は本当に正しいのだろうか」とか「会社の状況を理解した上で書いているのだろうか」と感じたことはありませんか。診断書を読む上では、「文面には本人の要望が反映されている可能性があること」「会社の状況を十分把握して作成されているとは限らないこと」に注意する必要があります。

診断書は偽造すると刑事処罰を受けるほど厳格な法的意味を持つ書面です。しかし、実際には主治医の見立てに加えて、ある程度患者さんの要望に沿った形で記載されることも多いのが実情です。診断名ですら患者さんの希望次第で、本当は「うつ病」であっても「自律神経失調症」といった（比較的軽く見える）病名が記載されていることがあります。また「本人は復職希望があり、回復傾向ではあるが、まだ通常勤務は難しそうだ」と主治医が判断した場合、会社の規定にかかわらず短時間勤務など業務の軽減を前提とした復職許可の診断書が提出されることがあります。主治医の立場からすれば、会社の事情よりも患者さんの立場を優先した姿勢になりがちなのは仕方がないことですので、このような状況を理解した上で会社としてどう対処するか考える必要があります。

まず原則として、復職の最終判断をするのは会社であり、診断書はあくまで補助資料に過ぎません。可能な限り休職者に配慮することは必要ですが、無理に短時間勤務や軽減勤務を準備する義務は会社にはありません。人事労務担当者が現時点での復職は難しいと判断すれば、診断書の内容にかかわらず休職を続けさせることもできます。

ただし、医学的判断を欠いたままメンタルヘルス疾患を抱えた従業員の人事問題を扱うことは困難です。産業医や保健師など会社の産業保健スタッフの援助を受けながら、できる限り主治医と緊密なコミュニケーションを取る手段を考えてみましょう。たとえば会社の復職判定基準について、患者さん本人から主治医に書面なりで伝えてもらうのは非常に有用です。産業医から主治医に連絡してもらうのもいいでしょう。本人の同意を得た上であれば、主治医と直接会って診断名や病状などの情報を共有することも可能です。それでも適切なコミュニケーションが難しいと感じた場合は、人事労務担当者から本人に、会社の指定する医療機関を受診して再度診断書をもらうよう指示することも一案です。

メンタルヘルス対策を行う上では、メンタルヘルス不調者をめぐる全ての関係者が情報を共有することが極めて重要です。「診断書は少々意味不明でも仕方ない」と思いがちですが、疑問点を可能な限り解消するための努力は怠らないようにしてください。

メンタルヘルス不調の治療法

会社としては、メンタルヘルス不調で休職した従業員には一刻も早く回復して職場復帰を果たしてほしいところですが、実際に医療機関では、どのような治療が行われているのでしょうか。メンタルヘルス疾患の主な治療法は、薬物療法と心理療法の2本立てです。

薬物療法

心療内科や精神科の外来診療では、抑うつ気分や不安感などの自覚症状に応じて、症状を軽減したり回復を促すために薬物療法が行われます。処方される頻度の高い薬の種類や特徴は次の通りです。

●抗うつ薬

抗うつ薬は、主に抑うつ気分や気力低下を特徴とするうつ病や適応障害などの治療に用いられる薬であり、パニック障害、社交不安障害、強迫性障害、心的外傷後ストレス障害（PTSD）など、不安感が主症状になる病気にも効果的です。セロトニンやノルアドレナリンと呼ばれる脳内物質を調整することで、抑うつ気分や気力低下といった症状を改善します。抗うつ薬の種類としては三環系抗うつ薬、四環系抗うつ薬、選択的セロトニン再取り込み阻害薬（SSRI）、セロトニン・ノルアドレナリン再取り込み阻害薬（SNRI）、ノルアドレナリン作動性・特異的セロトニン作動性抗うつ薬（NaSSA）などがあり、それぞれ効果や副作用が少しずつ異なります。

抗うつ薬はうつ病の治療で最も大切な薬ですが、効果の発現が遅く（即効性がない）、一般的に数ヶ月～数年単位で内服治療が行われます。副作用としては内服開始から1～2週間ぐらいは消化器症状（悪心や吐き気）や眠気が出やすいこと、患者さんが自己判断で急に服薬を中止した場合に離脱症状（抗うつ薬中断症候群）が起こる可能性があることなどを知っておくとよいかもしれません。

なお、うつ病や適応障害と診断された場合、必ずしも抗うつ薬を飲まなくてはいけないということはありません。現在では軽症のうつ病に対しては、必ずしも薬剤の投与は第一選択になっていませんので、「薬を飲んでいないから病気ではない」といった判断はしないようにしてください。

●抗不安薬

抗不安薬は精神安定剤とも呼ばれる薬剤で、主に不安症状の強いタイプのメンタルヘルス不調の治療に用いられます。もっとも頻用される抗不安薬であるベンゾジアゼピン系は、脳内の神経伝達物質であるGABA（γ-アミノ酪酸）の作用を強めることで鎮静、催眠、抗不安、筋弛緩などの作用を発揮します。

抗不安作用が強い上に即効性があるため効果を実感しやすい薬ですが、眠気やふらつきの副作用があることや依存性が高い点に注意が必要です（多くのベンゾジアゼピン系抗不安薬は日本の麻薬及び向精神薬取締法（麻薬取締法）における第三種向精神薬に指定されています）。不安症状が強い時だけ主治医の指示に従って服用し、漫然と内服を続けないことが大切です。

●**睡眠薬**

睡眠薬は、メンタルヘルス不調でよく見られる不眠症状を緩和する薬です。入眠困難、中途覚醒、早朝覚醒など不眠のタイプに合わせ、作用時間の異なる薬が処方されます。即効性があるため抗不安薬同様に効果を実感しやすい薬です。

睡眠薬はその化学構造により、ベンゾジアゼピン系、非ベンゾジアゼピン系、オレキシン受容体拮抗薬、抗ヒスタミン薬、メラトニン受容体作動薬などに分類されます。前述の抗不安薬と同様に、多くはＧＡＢＡ受容体に作用して催眠作用を発揮しますが、精神的依存、身体的依存の問題に注意が必要であり、漫然と内服することは勧められません。最近では、オレキシン受容体拮抗薬、メラトニン受容体作動薬など、依存の問題を生じにくい睡眠薬が利用できるようになっています。

●**そのほかの薬（気分調整薬・抗精神病薬）**

気分調整薬はムードスタビライザーとも呼ばれ、双極性障害など、気分の波が大きい病気を安定させるために用いられます。双極性障害（躁うつ病）の患者さんでは、この薬を内服することで気分の極端な浮き沈みを抑制することができます。ただし薬によっては皮膚障害や体重増加など変わった副作用が出やすいので、主治医とよく相談しながら慎重に服薬量の調整を行う必要があります。

抗精神病薬は、主に統合失調症の治療に用いられる薬剤であり、メジャートランキライザーとも呼ばれます。脳内のドーパミン受容体の働きを抑えることで、妄想や幻覚、幻聴といった精神症状を軽減させます。気力低下を改善する作用もあるため、うつ病の治療にも利用されます。最近は副作用の少ない薬が増えてきましたが、薬剤性のパーキンソン症候群や血糖値の上昇といった重い副作用が出る場合があり、専門科の医師による服薬調整が必要です。

心理療法

心療内科や精神科では薬物治療だけではなく、心理療法、あるいは精神療法ともよばれる治療を併せて行います。心理療法には自律訓練法、精神分析、認知行動療法、さらには集団療法、家族療法、箱庭療法など多彩な手法があります。日本独自の心理療法としては、森田療法や内観療法などが知られています。

うつ病を中心とした職場でよく見かけるメンタルヘルス疾患に対しては、認知行動療法、支持的精神療法、マインドフルネスなどが広く行われています（最も頻用される認知行動療法について次のコラム②（41頁）で解説します）。手法は少しずつ異なりますが、どの心理療法も患者さんとカウンセラーが定期的にカウンセリングの場を作り、認知・情緒・行動などの適応的な変化を目指す、という点は同様です。精神疾患の主治医が直接心理療法を行うこともありますが、しっかりとした心理療法を行うには1回あたり30～60分程度の時間がかかるため、心理療法専門のカウンセラーが対応するケースが多いです。日本においては民間認証資格として臨床心理士や産業カウンセラーなどがあり、国家資格として公認心理師があります。

コラム2

前向きな考え方を身につける ～認知行動療法～

精神医学では「感情が生じる理由となる思考」のことを「認知」と呼びます。メンタルヘルス不調になりやすい人は、極端に後ろ向きな考え方（認知の歪み）を持っていることが多いため、色々な場面でマイナス思考に陥り、嫌な感情から離れられなくなります。一方で前向きな考え方（適応的思考）を自然と思いつけるようになれば、気分や行動の悪循環が防げるようになります。

次のケースを考えてみましょう。ある朝、あなたは上司とすれ違った際に「おはようございます」と挨拶しましたが、上司は黙って通り過ぎてしまいました。そんな時にあなたはどう感じますか。同じ状況でも認知の違いによって大きく反応が異なることがあり得ます。

Aさん　「上司は私のことを嫌っているのだろう」と考えて悲しい気分になり、鬱々《うつうつ》としてその日は仕事の能率が上がらなかった。

Bさん　「上司だからといって返事をしないのはけしからん」と考えて怒りの気持ちがわき、部下に八つ当たりをしてしまった。

Cさん　「上司は忙しくて心の余裕がなかったのだろう」と考え、サポートするために積極的に仕事を引き受けることにした。

Aさんや Bさんのように、マイナス思考が原因となり気分がマイナスの方向に変化すると、周囲の人たちとの関係性も悪くなり、さらに状況が悪化する…という悪循環に入ってしまいます。一方でCさんのように前向きな考え方を持つことができれば、同じシチュエーションに遭遇してもより前向きな行動につながり、ストレス状況の改善が期待できます。

認知行動療法では認知の歪みを見つけ、それを適応的思考や前向きな行動に変えていくことで、マイナスの感情が惹起《じゃっき》されることを緩和し、負の連鎖を断ち切ることを目指します。たとえばAさんのケースでは、「上司は忙しくて挨拶に気がつかなかっただけだろう」と前向きな認知を持つことができれば、嫌な感情は生じず仕事に悪影響が出なくなります。また「(嫌われているかもしれないけれど) これからも積極的に挨拶してみる」という行動をとれば、次の機会には上司から挨拶が返ってきて、本当は嫌われていないことが分かり安心するかもしれません。

人事労務担当者として職場の人間関係でストレスを感じている従業員から相談を受けた際には、嫌な感情が生じるきっかけとなった出来事、思考、その後の行動を第三者的な視点で一緒に見直してみましょう。認知や行動の問題が見つかれば、「もう少し楽観的に考えたり、前向きな行動をとってみたらどうでしょうか」とアドバイスすることが問題解決の糸口になるかもしれません。

職場でよく見かける精神疾患を知る

職場でのメンタルヘルス対応の原則は、メンタルヘルス不調を「医学的問題ではなく労務的問題として考える」ということです。つまり「○○病だから××のように対応する」という考え方ではなく、「労務を行う上で△△のような問題があるから、それに合わせた対応をする」という考え方が大切です。

しかし、会社で対応する可能性が高い精神疾患の医学的特徴を知っておくことは、労務的問題を把握する上でもメリットがあります。本節では職場のメンタルヘルス対応で重要になる疾患や障害について、医学的特徴とその労務的問題、典型的な事例と対策案をまとめて説明したいと思います。

うつ病・適応障害

医学的特徴

うつ病とは「心の疲労骨折」ともいうべき状態であり、心身の疲労が原因となって心のエネルギーが低下し、抑うつ気分や意欲の低下、不眠、焦燥、自殺念慮などの症状をきたす病気です。患者数は数百万人に上ると推計されており、職場のメンタルヘルス疾患としては最も多いタイプになります。最近は「適応障害」という病名もよく目にしますが、これは「不安や抑うつ気分が強いが、うつ病の診断基準を満たさない状態（≒軽い抑うつ状態）」といった程度に理解するとよいでしょう。

労務的問題

強い気持ちの落ち込みや意欲の低下が原因で、職務遂行能力が大幅に低下します。午前中（特に出社前）が一番体調不良をきたしやすく、遅刻や欠勤などの勤怠不良が目立つようになります。それでも自分の仕事をやり遂げようと無理を重ねることで疲弊しきってしまい、最終的には休職や自殺など深刻な事態に至る危険があります。

典型事例

●営業職の34歳男性。どんな仕事にも真面目に取り組むタイプだが、完璧主義で要領が悪いところもある。

●半年前から長時間残業が続いていたが、最近仕事のミスが増え、時々遅刻するようになってきた。顔色も悪いため、心配した上司や同僚が声をかけても「大丈夫です」と返事するだけであった。

●ある日大きなミスをして顧客からのクレームを受け、その翌日から、ベッドから起き上がれず会社に出社できなくなってしまった。

対策案

うつ病は「真面目で努力家だが、要領が悪くて手が抜けず自分の中にストレスを溜めてしまうタイプ（過剰適応タイプ）」の人がなりやすい病気です。こういった人は病気の原因が自分にあると考えがち（自責傾向）であり、周囲に自分の体調不良を伝えることが苦手です。過剰適応タイプの部下がいる場合、上司はより慎重に部下の心身の健康状態に注意し、仕事のミスや遅刻の増加といった小さな変化を見逃さないことが大切です。

また、これらの特徴を備えた人の残業時間が大幅に延びている時には、精神的問題から職務遂行能力が低下している可能性が高く、早めに心身の状態を確認して治療につなげることが大切です。

うつ病治療の三本柱は「環境調整」「安静休養」「薬物治療」です。うつ病は治る病気であり、薬物治療と十分な安静休養によって、職務遂行能力なども従来のレベルへの回復が見込めます。ただし再発リスクが低くない上、再発を繰り返すほど病態が悪化することが多くなることには注意が必要です。一旦治癒（医学的には「寛解」と言います）した後も2〜5年程度は再発しやすい状態が続きますが、復職の場合は復帰後3〜6ヶ月程度が特にリスクが高いため要注意です。本人はうつ病の症状を隠しがちなので、上司は積極的に体調を確認し、長期的に業務負荷等をコントロールするようにしてください。

現代型（新型・非定型）うつ病

医学的特徴

通常のうつ病が「過剰適応タイプ」の従業員に発症しやすいのに対して、現代型うつ病（「新型うつ病」「非定型うつ病」などとも呼ばれます）は「不適応タイプ」とも言うべき病態であり、低いコミュニケーション能力などの理由で職場に適応できないことが原因となり発症する病気です。

職場をはじめとした、その人にとっての「不適応環境」のみで抑うつ症状が出現する点が大きな特徴であり、「休むために嘘をついているのでは（いわゆる詐病）」と疑われるケースも少なくありません。しかし詐病と違って「本人は本当に困っている」という点に気をつける必要があります。

たとえば通常のうつ病と現代型うつ病では自殺率に差がない、といった報告もあります。

労務的問題

労務能力の低下や勤怠の悪化といった労務的問題は通常のうつ病と同様ですが、自分の症状を強く主張する傾向があります。また職場とプライベートで極端に症状が異なることや、自分よりも他人に発症原因を求める傾向（他罰的傾向）があることで周囲から反感を買い、自ら適切なサポートを受けにくい状況を作ってしまうことがあるのも特徴です。

典型事例

●事務職の25歳女性。周囲に合わせて仕事をするのが苦手で、同僚からは「協調性がなく自己中心的な人」だと思われていた。
●ある時、重要書類を紛失したことを上司が厳しく注意したところ、急に落ち込みがちになった。その数日後に「仕事のストレスによるうつ病で休職を要する」という内容の診断書を提出して休職に入ってしまった。
●上司が連絡しても返事がなく、職場では皆心配していた。しかしある日同僚が本人のSNSを覗いてみたところ「休職期間を利用して海外旅行に行ってきました♪」との書き込みがあった。

対策案

現代型うつ病は、人事労務担当者が対応に苦慮するメンタルヘルス不調の典型例です。正確な統計はないものの、実務的には現代型うつ病タイプの患者さんが年々増えているのは間違いありません。増加の理由ははっきりしませんが、個人主義的傾向が強くなってきたことや、核家族化に伴う若年者の共感力の低下を指摘する専門家もいます。また、うつ病の存在が広く認知されてきたことで、比較的軽い（低ストレス環境では症状が出ない）うつ病患者が増えてきたことも影響していると考えられています。

現代型うつ病に対して「仮病ではないか」「性格の問題ではないか」と感じてしまう人も少なく

ないと思います。しかし、多くの患者さんは通常のうつ病と現代型うつ病の両方の要素を多かれ少なかれ持っていますし、「本人が抑うつ症状に本当に苦しんでいる」点はどちらも変わりません。現代型うつ病であっても自殺などの社会的リスクは決して低くないので、会社としてはうつ病のタイプにかかわらず適切な配慮をする必要があります。

また本人が起こすトラブルによって、上司や同僚に陰性感情（相手を悪く思う気持ち）が生じてしまうことも稀ではありません。しかし好き嫌いとサポートの要否は別問題ですので、特に上司は理性的に対処し、本人の体調に合わせて必要な業務制限などを行うことが大切です。一方で周囲の人々が気を遣いすぎると「病気のままでいた方が楽だ」「周囲の人のせいで病気になったのだから、気を遣ってもらえるのは当たり前である」と考えるようになってしまい、かえって病気の回復を阻害してしまうことがあるのが難しいところです（専門用語では「疾病利得が生じる」と言います）。

以上の特徴から、現代型うつ病への対応は「配慮すべきところは配慮し、言うべきことは言う」という一貫した対応を心がけることが重要となります。たとえば無断欠勤や仕事のミスが続く時は労務負荷を調整するとともに医療機関への相談を勧め、それでも行動が改善しない場合は休職発令や就業規則に従った処分を検討するなど、一定の配慮をしつつも過剰に特別扱いしない態度を示すことにより、病気の回復に対するインセンティブを高めていくことがポイントです。対応に悩んだ時は早めに産業医などの医療スタッフにも相談し、会社内の関係者全員が一貫した態度を取るようにしましょう。

双極性障害（躁うつ病）

医学的特徴

双極性障害は躁うつ病とも呼ばれる、極端な気分の浮き沈みを繰り返す病気です。多くの患者さんでは抑うつ状態の方が目立つため、うつ病と誤診されることが少なくありません。しかし双極性障害はうつ病と異なり単純なストレス性疾患ではなく、脳内神経伝達物質を介した神経伝達機能の障害が主因であり、これに慢性的なストレス要因や大きなストレスイベントが加わることで発症すると考えられています。症状の波が非常に大きく、躁病期とうつ病期で適切な対応が異なるため、現在の状態を正確に把握することがサポートを行う上での第一歩になります。

労務的問題

本人は気持ちの落ち込む抑うつ状態の時の方が辛く感じますが、実際には躁状態の時に社会的に様々な問題を生じます。躁症状で異常な高揚を示す時期には攻撃性が高まり、職場や取引先との関係性が破綻するような大きなトラブルが生じる危険があります。たとえば躁状態の時に上司や同僚と喧嘩をしてしまい、我にかえった時には非常に仲が悪くなっているという事態もあり得ます。また躁状態では、一見エネルギッシュに仕事をしていても一つのことに集中できないため、本人の自己認識と異なり十分なアウトプットが出ないことが少なくありません。

典型事例

●営業職の38歳男性。学生時代には部活のキャプテンを務めるなど明るく社交的なタイプ。仕事に熱心に取り組む一方で、同僚としばしば口論するなどトラブルメーカーな一面もある。

●プロジェクトリーダーに抜擢された頃から、営業先担当者と喧嘩する、深夜に同僚を罵倒する長文のメールを職場のメーリングリストに送るなどの問題行動が目立つようになり、上司が注意したものの行動に変化はなかった。

●しかし、仕事上の失敗をきっかけに急に気分が落ち込みがちになり、その後長期欠勤に入ってしまった。

対策案

一番問題となる躁状態の時に本人の病識（自分が病気であるという認識）が乏しくなりがちであり、周囲が対応に苦慮する事態になりやすい点に注意が必要です。「普段と雰囲気や話しぶりが明らかに違う」といった違和感があった際には、職場の上司や同僚が積極的に双極性障害を疑い、医療機関への受診を促すことが大切です。本人に病識が乏しい場合は、家族への連絡も考慮すべきです。双極性障害の治療の中心は気分調整薬を中心とした薬物療法であり、職場のストレス要因を軽減することだけでは、十分な症状の回復が見込めません。

うつ病期の対応は通常のうつ病と同様ですが、体調が良くなってきた際に「本当に病気が改善した」のか「躁転した（躁病のサイクルに入った）」のか区別がつきにくいことが少なくありません。特に復職判断は慎重に行うよう注意してください。

双極性障害では症状が治まったとしても、薬物治療を中断した無治療状態では9割近くが再発すると言われています。長期的な定期通院および気分調整薬の継続が、再発を抑えるために必須であることを、本人だけではなく職場も理解する必要があります（なお抗うつ薬は躁転させる危険性が高いため、原則として単独では処方されません）。

統合失調症

医学的特徴

統合失調症は妄想や幻聴（「陽性症状」と呼ばれます）を主症状とする精神疾患で、生涯発病率は0・8～1・0％と推定されています。10～20代の若年者に好発し、「若手従業員が変なことを言っている」などの相談で見つかるケースが少なくありません。また陰性症状（気持ちの落ち込みや精神機能の低下）が主症状として目立つことも多く、うつ病と誤診されることもあります。病因としては遺伝的な脳の機能異常が素因として存在し、大きなストレス要因が引き金となって発症すると考えられていますが、ストレスの有無にかかわらず発症する可能性があります。

労務的問題

陽性症状として「他の人から悪口を言われている」「道ですれ違う人が自分のことを監視している」といった被害的な妄想を持つことが多く、妄想を信じて周囲の人に暴力を振るってしまったり、突発的な自殺衝動が現れることがあるため、他のメンタルヘルス不調以上に自傷他害リスクに注意が必要です。また適切な治療がなされないと徐々に陰性症状が目立つようになり、精神機能が全体的に低下することで仕事のアウトプットが出なくなる場合もあります。

典型事例

● 総務部の28歳男性。内気で周囲とのコミュニケーションが少ないタイプ。学生時代は几帳面に課題に取り組み成績優秀。いつも同じ服装をしているなど若干変わった人と思われていたが、仕事の問題はなく周囲の評判は比較的良好であった。

● 多忙だった勤務が一段落した頃、以前よりも周囲と目を合わせなくなり、独り言をつぶやくことが多くなった。

● ある日、「机の中に盗聴器が入っている」と取り乱して大騒ぎになり、上司が心配して声をかけると、「同僚の○○さんが自分の仕事を横取りしようと盗聴器をつけた」「一日中お客さんや同僚から悪口を言われているので反論しなくては」と鬼気迫った様子で話し始めた。

対策案

本人は妄想や幻聴を真実だと思っている（＝病識に乏しい）ことが多いため、医療機関の受診を拒むことがあります。万一職場で幻聴や独語、妄想などの症状が見られた場合は、躊躇せず家族と連絡を取り、直ちに家族の付き添いのもと、専門の医療機関を受診させるようにしましょう。家族がいないケースでは、保健所に連絡の上で職場の上司が付き添うなどして、専門の医療機関を受診させることが求められることもあります。自傷他害リスクが存在する重症例では、緊急に専門の医療機関における強制入院や措置入院も検討されるべき疾患であることを覚えておいてください。

統合失調症は、双極性障害と同様、職場のストレス要因を軽減することだけでは症状の回復が見込めません。治療の中心は、メジャートランキライザーとも呼ばれる抗精神病薬を中心とした薬物療法です。統合失調症の薬物療法は近年飛躍的な進歩を遂げており、妄想や幻聴などの消失、職場・社会復帰が可能となっています。しかし病識に乏しく薬物療法を自己中断してしまう患者さんが多いことが、しばしば問題となります。再発を繰り返すほど病状が悪くなる（進行する）ため、職場では長期的に治療が続けられるようサポートすることが大切です。

なお似たような病気として、陰性症状がなく修正不能な妄想（「同僚に監視されている」など）のみが出現する妄想性障害という疾患もあり、こちらは40～50代の中高年でも発症することがあります（詳細は第3章のケース4（148頁）で紹介します）。

パニック障害

医学的特徴

パニック障害は「パニック発作（動悸や胸痛、めまい、強い不安感などの症状が突然出現する発作）」「予期不安（またパニック発作が起こるのではないかと心配になること）」「広場恐怖（パニック発作の起こりやすい場所に対して恐怖心を持つこと）」を三大特徴とする精神疾患です。動悸や過呼吸などの発作を繰り返し起こしたり、満員電車が怖くて会社に出社できなくなる、といった症状を訴える従業員がいた場合、パニック障害の発症を疑う必要があります。

不安障害（不安感が症状の中心である病気）の代表的疾患であるパニック障害は患者数がとても多く、特に若い女性がなりやすい病気です。強いストレス要因が発症の契機になることがよくありますが、ストレス要因がなくなった後も繰り返してしまうことが稀ではありません。

労務的問題

通勤中や職場内で突然パニック発作が起こり、救急車で運ばれる事態になることがあります。朝の満員電車に乗るのが難しくなり、定時出社ができなくなる患者さんも少なくありません。会議室などの比較的狭いスペースで症状が出る場合は、会議などに出席することができなくなり仕事に支障が出る場合もあります。

典型事例

●営業職の24歳女性。入社以来特に問題なく業務を行っていた。
●2ヶ月ほど前から急に遅刻がちになり、会議中も頻繁に離席するなどの行動が見られるようになった。心配した上司が話を聞いてみると「最近、急に動悸がしたり胸が痛くなることが多くて、突然死んでしまうのではないか、と不安に感じています」「満員電車や会議室の中にいると発作が起こりそうで、じっとしていることができません」との訴えがあった。

対策案

パニック発作は30分程度で収まることが多いため、職場で発作が出た場合には慌てずに休憩室などで休ませ様子を見ましょう。

発作を繰り返したり日常生活に支障が出る場合は、薬物治療が行われます。パニック障害にはSSRIと呼ばれる抗うつ薬や抗不安薬がよく効き、ほとんどの患者さんではパニック発作を抑えることができます。しかし「満員電車に乗れない」「会議に出ると不安でたまらなくなる」といった広場恐怖症状は長引くことが多いため、発作の起こりやすい閉所での業務を減らしたり、通勤時間の配慮をするといった対応が長期的に必要になる場合もあります。

アルコール依存症

医学的特徴

過量の飲酒は肝疾患やがん、糖尿病、認知症などの発症リスクを増やしたり、急性アルコール中毒の原因になります。これらも重要な健康問題ですが、飲酒に関連して会社の労務対応で最も苦慮するのはアルコール依存の問題です。アルコール依存症患者は「単にお酒が好きな人」と思われがちですが、依存症の特徴は「離脱症状を防ぐために飲酒する」という点にあります。酒を飲まない時間に手が震えたり、体調が悪くなったりという離脱症状が出現し、それを防ぐために昼夜問わず酒を飲むようになったら、それは明らかな依存症です。

労務的問題

アルコール依存が形成されると、離脱症状を防ぐために昼夜問わず酒を飲むようになるため、職務遂行能力が低下したり、「昼から酒臭い」「職場の同僚にからむ（アルコールハラスメント）」などの問題行動を生じ、周囲とトラブルになります。さらに悪化すると遅刻、欠勤が頻繁になり、出勤困難な状態になります。アルコール依存症は、労災事故や交通事故の頻度も大きく増やすため、本人の健康だけの問題ととらえてはいけません。

典型事例

●企画部の63歳男性。若い頃から酒に強く、毎日のように飲み歩いていた。健康診断では肝臓の値が悪く、医師から節酒や禁酒を繰り返し勧められていたが、本人は全く気に留めていなかった。
●定年退職後の再雇用で残業がなくなったことをきっかけに、さらに飲酒量が増加した。朝からお酒の臭いがすることもあり、上司が注意したが改善はなかった。
●最近になって徐々に遅刻がちになり、1週間前から無断欠勤が続いている。

対策案

飲酒による問題行動があった場合には、会社としてこの状況を絶対に許容できないことを伝え、専門治療を受けるように強く勧めてください。依存症に至った場合には断酒（完全に飲酒を止めること）以外に治療法がなく、専門の医療機関で入院加療（強制的断酒）、断酒剤の処方、断酒会やカウンセリングなどの精神的なサポートを受けることなどが必要です。最近の断酒薬は、脳に直接作用して飲酒欲求自体を低下させる作用があり、アルコール依存症に有効とされています。なお運転や高所作業などの危険業務に従事している従業員の場合は、業務継続の可否についても慎重な検討が必要です。

アルコール依存症は、断酒できても再発率が高い病態です（再発率は70～80%と言われています）。治療がうまくいった場合でも一生お酒を避ける必要がありますので、周囲の人は絶対にお酒を勧めないようにしてください。もし繰り返し飲酒に関連した問題行動を生じるような場合は、懲戒処分も検討すべきです。「依存症が治らなければ人生が破綻する」というところまで追いつめられないと、治療意欲が高まらないことも少なくありません。甘い対応は本人のためにならないことを、周囲の人も理解することが大切です。

なお、飲酒により仕事や家庭生活に支障があったり、「飲酒の量・時間・状況」を十分にコントロールできない人も「依存症予備軍」として注意する必要があります。またアルコール依存症に陥る人の周囲には、「イネイブラー（助長者）」と呼ばれる、アルコール摂取を助けてしまう人がいる場合が多いと言われています。もちろん飲み会でお酒を強要することは大問題ですが、上司が「遅刻に目をつぶる」とか「酒臭い状態で出勤しても注意しない」といった対応は依存症を助長する行為といえます。普段の安全衛生活動を通じて、過量飲酒を許容しない職場環境を作ることが大切です。

発達障害（自閉症スペクトラム）

医学的特徴

発達障害とは、生まれつき有する脳機能の問題によりコミュニケーション能力の障害（社会性の欠如）などの問題が生じ、日常生活や仕事などの社会生活に困難をきたす病態の総称です。うつ病などのストレス関連疾患と異なり先天的な脳の機能不全が主因であり、幼少期からある程度の症状を認めますが、学生の頃までは周囲とあまりコミュニケーションをとらなくても生活できるため、社会人になって初めて問題が顕在化することが少なくありません。

発達障害には様々なタイプがありますが、職場で問題となりやすいのは注意欠如・多動性障害（ADHD）と自閉症スペクトラムであり、ここでは後者について解説します（自閉症スペクトラムは以前「アスペルガー症候群」と呼ばれていた病態です）。

自閉症スペクトラムは、相手の気持ちを理解するのに必要な「共感能力」が他の能力に比して極端に低いことが大きな特徴です。たとえば両手の手のひらを蝶々のように組み合わせて「何に見えますか？」と聞かれたら、普通は「鳥」「カニ」「蝶々」といった答えがかえってきます。それに対し自閉症スペクトラムを持っている人に同じ質問をすると、真面目に「手のひらに見えます」と答えてくることがあります。これは「質問者が『手のひら』という答えを求めていない」こと自体が理解できないことによるものです。

労務的問題

自閉症スペクトラムの人は「頑固でこだわりが強い」「相手の感情を十分理解できず、周囲の人たちの気持ちを逆なでする言動をする」「複数の仕事を同時にこなすことが難しい」といった特徴があるため、協調作業がうまくいかず周囲との関係性が悪化したり、仕事で十分なアウトプットが出せないことがあります。また周囲だけではなく本人もコミュニケーションにストレスを感じやすいため、二次的にメンタルヘルス不調をきたして職務遂行能力が大幅に低下したり、休職・離職に結びつく可能性があります。

典型事例

- システム開発部の32歳男性。一流大学出身で、高いプログラミング技術を持つ。
- しかし同僚や部下に対して挨拶をしなかったり、大事な商談に遅刻して客が怒っているにもかかわらず「遅刻は電車が遅れたせいであり、私が悪いのではありません」と反省している様子が見られないなどの問題行動があった。
- 指示を十分理解せずに自己判断で仕事を進めてミスを繰り返すため、上司が注意したものの改善は見られなかった。
- これらの問題から周囲との関係が険悪になり、次第に本人も業務への意欲が低下して会社を休みがちになってしまった。

対策案

発達障害は先天的な脳の機能障害が主因であるため、本人の性格や考え方を変えることで職場の問題を解決するのは簡単ではありません。むしろ本人ではなく周囲が対応を変えることを通じて、少しでも適応しやすい就業環境を整えることを目指してみましょう。たとえば営業職や交渉事のように相手の感情を読みながらコミュニケーションを取らなくてはならない職務には、自閉症スペクトラムの人は向いていません。一方で、本人の興味や適性のある分野で、一人で事務的にできる作業については、普通の人よりも高いパフォーマンスを上げることをしばしば経験します。

上司やチームメンバーなど周囲の人は、障害の特徴を理解した上でのコミュニケーションを心がけましょう。「以心伝心は期待せず、必要なことは言葉できちんと伝える」「できる限り具体的かつ詳細に指示をする」「急に新しい仕事を頼まない」「細かくメモを取らせる」など、お互いに齟齬《そご》の生じにくいコミュニケーションを行うことにより、本人の能力を最大限に発揮できる環境を作り出すことが大切です。

パーソナリティ障害（境界性パーソナリティ障害）

医学的特徴

社会生活に悪影響を与えるような極端な性格の偏りのことを、パーソナリティ障害と呼びます。性格傾向の問題であり、正確には「病気」ではありませんが、メンタルヘルスの対応困難事例でしばしば見かける病態の一つです。ここでは気分の波や不安定な対人関係を特徴とする、境界性パーソナリティ障害について解説します。

境界性パーソナリティ障害の最大の特徴は「極端に強い精神的不安定性」であり、激しい怒り、空しさや寂しさ、見捨てられ感や自己否定感など、負の感情がめまぐるしく変化し、なおかつ理性での感情コントロールが苦手で、不安や葛藤を自身の内で処理することができません。そのため些細なきっかけで周囲の人を攻撃したり、リストカットなどの自傷行為に走ります。また二極思考（絶対的な味方か完全な敵）に陥りやすく、それまでずっと仲良くしていた人であっても、何か嫌なことがあると急にオセロが白から黒に変わるように攻撃し始めることがあります。一方で自分の味方だと感じている相手には愛想よく振る舞うため、上司が問題を正しく認識できていないことも珍しくありません。

労務的問題

不安定な言動に周囲が振り回されることで、職場全体の不信感、パフォーマンスの低下などにつながる可能性があります。また気分の大きな変動に伴いリストカットや過量服薬などの自傷行為を繰り返すことが稀ではなく、実際に死に至るリスクがあります。

典型事例

- 一般事務職の36歳女性。３年前に中途採用で入社した。普段は明るく顧客からの評判も良いが、気分の波が大きく突然体調不良で休むことがあった。
- 仲の良かった同性の同僚に対して、ある時から急にきつくあたったり無視するなどの嫌がらせをするようになり、結局その同僚を退職に追い込んでしまった。
- その後も他の同僚とのトラブルを繰り返したため、上司が注意したところ、その晩自宅でリストカットしたとの報告を受けた。

対策案

境界性パーソナリティ障害は、気分やコミュニケーションの不安定性により様々な問題を生じますが、極端な性格傾向の問題であるため完全に変える（治す）ことは望めません。また、周囲が対応に苦慮するのに対して本人は病識に乏しく、医療機関を受診させることすら難しい場合もあります。メンタルヘルス不調の中でも特に対応が困難な病態ですが、上司や会社としては本人の考え方や性格を変えることを目的とするのではなく、現代型うつ病のケースと同様に「労務的問題に対して一貫した対応を心がける」ことを通じた解決を目指してください。

たとえば職場の同僚とトラブルを起こした際には、どちらの意見も十分に確認する一方、本人に問題があったと判断した場合にはその場で注意して再発防止を指示するなど、特別扱いしない態度を示すことが大切です。リストカットなどの自傷行為があった場合にも同様で、変に甘い対応をするのではなく、「自傷行為をするほど体調が悪いなら医療機関に相談したらどうか」といった助言を行い、疾病利得（病気を訴えることによりメリットが生じる状況）を与えないようにしてください。「感情的に振舞っても自分にメリットがない」ことを理解してもらうことができれば、性格傾向自体は変わらなくても問題となる言動は減ることが期待できます。

心身症（機能性胃腸障害、過敏性腸症候群）

医学的特徴

ストレスがかかった際に精神的な症状ではなく、頭痛や腹痛、動悸、血圧上昇など、身体的な症状をきたすことは珍しくありません。これらも一種のメンタルヘルス不調であり、こうしたストレスが影響して身体疾患を発症したり、身体疾患の症状が悪化する病態を「心身症」と呼びます。

ここでは胃腸に関連する心身症について解説します。心療内科では「腸脳相関」という言葉を使いますが、消化管はストレスの影響を非常に受けやすい臓器です。皆さんの周りにも強いストレスがかかった際に、下痢や腹痛などの症状が出現する人がいるのではないでしょうか。胃や大腸の蠕《ぜん》動《どう》運動が異常をきたすことで、悪心、嘔吐、下痢、腹痛、便秘などの症状を起こす病気のことを機能性胃腸障害や過敏性腸症候群と呼びますが、これらはストレスによって発症や悪化をきたしやすい典型的な心身症疾患です。

労務的問題

通勤時の下痢や消化器症状のため遅刻や欠勤が増えたり、トイレに行くために勤務中の離席が多くなることがあります。これらの症状がさらなるストレスとなり、うつ病などの精神疾患を合併することも稀ではありません。また身体症状が前面に出ることから、本人がメンタルヘルスの問題であることを否認して適切な治療につながらないケースが多いのも問題です。

典型事例

●営業職の25歳男性。もともと緊張しやすいタイプで人と話すのが苦手なこともあり、営業成績は良くなかった。

●人事異動で営業所が変わり、半年前に厳しい上司の下に配属された。その頃から通勤電車内でお腹が痛くなり、途中で何度かトイレ下車しないと会社まで辿り着けなくなることが増え、遅刻をくり返すようになった。

●最近は出社前にしばしば嘔吐する一方で、週末には全く症状がないとのこと。

対策案

従業員が原因不明の消化器症状により就業困難をきたしている場合、まずは医療機関を受診させて、大きな病気が隠れていないかを見極めることが大切です。消化器内科などの専門科で診察してもらうことで、仮にストレスが影響している機能性胃腸障害や過敏性腸症候群であることが判明した場合でも、整腸剤や胃薬などの薬物治療によって、辛い消化器症状をある程度改善することが可能です。

一方で本質的な解決には、ストレス要因の除去や、緊張しやすい性格傾向の変化が必要です。慢性的な消化器症状が続く従業員がいたら積極的にストレスの影響を疑い、本人と一緒に業務量やサポート体制を見直してみましょう。

メンタルヘルス不調の自覚が乏しい従業員に対しては、「症状に職場のストレスが関係していないか心配なので、一度心療内科を受診してみたらどうか」など、本人が受け入れやすい形でメンタルヘルスの専門科につなげることも大切です。

コラム3

うつ病は「生活環境病」？

うつ病は近年急速に患者数が増えており、世界保健機関（WHO）は、2015年までの10年間で全世界の患者数が約18％増加したと報告しています。うつ病の急速な増加は、なぜ止まらないのでしょうか。この病気の性質を一言で言い表すと「心のエネルギーが枯渇してしまう病気」といえます。仕事や勉強、家事、介護、子育てなど、日常生活のありとあらゆる活動をするためには、体力だけではなく心のエネルギーが必要です。そして、心のエネルギーは、日常の様々な場面で消費されます。終電まで残業するような多忙な生活や、人間関係のトラブルなどが長く続けば、心のエネルギーはどんどんすり減っていきます。

私見ですが、少子高齢化や経済活動の停滞など、閉塞感が漂う近年の社会環境の中で、ＩＴの発展に伴いスピードを求められるタスクが急速に増え、心のエネルギーを消費する機会が増える一方、それを回復する場面が少なくなってきたことと、うつ病の増加には関連があるのではないかと感じます。糖尿病や高血圧、脂質代謝異常症など、過食や運動不足といった生活習慣の問題に関連する病気のことを生活習慣病と呼びますが、「雇用の不安定化」「社会的サポートの減少」「人間関係の希薄化」といった生活環境の変化によって増えてきているうつ病は、いわば「生活環境病」と呼べるのかもしれません。

食べ過ぎや運動不足の解消、禁煙といった生活習慣の改善に比べ、生活環境を改善することは個人の力では難しいことが少なくありません。しかし、自分の置かれた環境に問題がないか、どうすれば改善できるかについて、時々考える習慣をつけてみてください。たとえば、何か困ったことや悩みがある時には、積極的に家族や友人のもとに行って相談してみましょう。また職場で人間関係がうまくいかない時には「すべての人と仲良くする必要はない」と割り切って考えたり、仕事が山積みになりがちな時は「いつも100点満点で期待に応えなくてもいい」と新たな仕事を断る勇気を持つことも大切です。

忙しい現代社会では、人と人との温かみを感じる交流や自分のペースを守った行動が、心身の健康を守るために一層重要になってきていると感じます。一つひとつは小さい変化でも、生活環境のストレスを減らしていくことで、メンタルヘルス不調になるリスクを確実に下げることができます。自分のためだけではなく、職場や、家族、友人といった大切な人たちのためにも心身の健康管理を心がけていきましょう。

第2章

職場の
メンタルヘルスケア

4つのケアと3つの予防

前章ではメンタルヘルスの基礎知識として、メンタルヘルス不調の概念や会社に生じうるリスク、個々の精神疾患の特徴などについて学びました。本章ではメンタルヘルス不調を未然に防ぎ、心身ともに健やかな職場作りを目指す上で欠かせないメンタルヘルス対策について考えたいと思います。

健全な職場環境を作るためには、人事労務担当者による適切な労務対応や制度設計だけでは足りず、従業員自身の自助努力や、職場の管理職が十分なサポートをすることが不可欠です。そのため、人事労務担当者向けの本書ではありますが、本章では従業員や管理職が行うべきメンタルヘルス対策についても合わせて解説します。見出しに特に断りがない場合は全ての立場の人に理解していただきたい内容であり、特定の対象に向けたトピックスは「従業員向け」「管理職向け」「人事労務担当者向け」と記載しますので参考にしてください。

4つのケア

メンタルヘルス対策を考える上で重要な概念として、「4つのケアと3つの予防」があります。これは、2006年に厚生労働省が〝メンタルヘルス指針〟として策定した「労働者の心の健康の

◉4つのケアと3つの予防

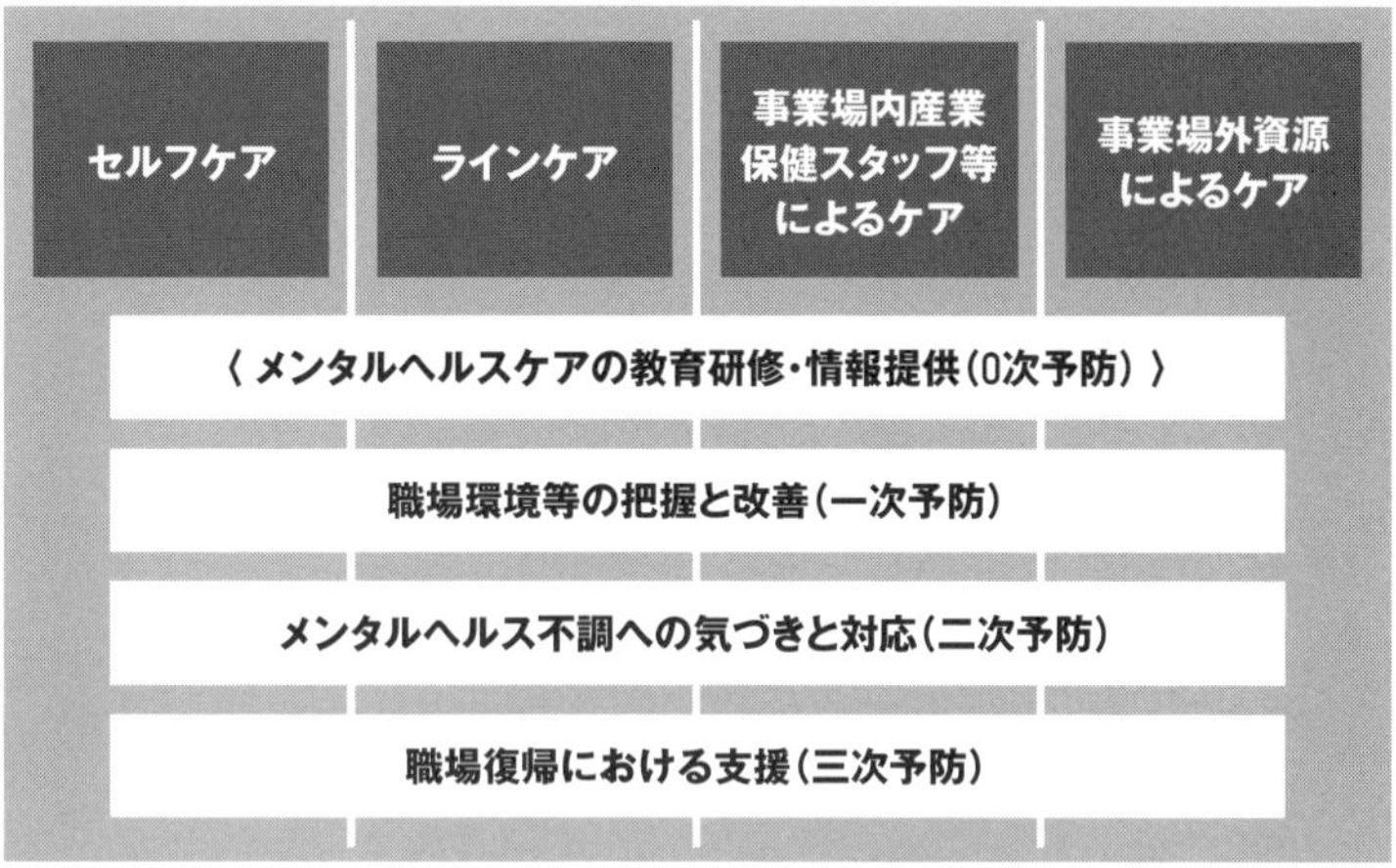

出典：厚生労働省「職場におけるこころの健康づくり　～労働者の心の健康の保持増進のための指針～」を基に作成

保持増進のための指針」の中で提唱されているもので、職場のメンタルヘルス対策を4×3のマトリックスに分けて理解しよう、という考え方です（さらに「メンタルヘルスケアの教育研修・情報提供（0次予防）」も加えて4×4と考えることもあります）。

厚生労働省の〝メンタルヘルス指針〟の一つ目のポイントは、「4つのケア」として「誰がメンタルヘルスケアを行うか」という視点を4つに分けて提示している点です。具体的には「労働者自身によるセルフケア」「管理監督者によるラインケア」「事業場内の産業保健スタッフ等によるケア」「事業場外資源によるケア」の4つを指します。厚生労働省は職場のメンタルヘルス対策を双方向性で提示しており、従業員による「自己保健義務」として「セルフケア」を推進するとともに、会社の「安全配慮義務」の一環として「ラインケア」「事業場内の産業保健スタッフ等によるケア」を充実するよう求めています（「事業場外資源によるケア」は職場外でのケアであり、いずれにも該当しません）。

●従業員自身によるセルフケア

セルフケアは従業員自身が行う、自分の心身の健康を守るための対処行動です。具体的には、長時間残業をしない、十分な睡眠をとる、悩みを相談できる人を増やす、気分転換できる趣味を持つ、といった対応が挙げられます。また２０１５年12月にスタートしたストレスチェック制度は労働者が自分自身の心身の変化に早めに気づくことを主目的としたもので、主にセルフケアを強化するための制度に分類されます。

●会社の安全配慮義務としてのケア（ラインケア、産業保健スタッフ等によるケア）

ラインケアは、従業員の健康を守るための管理監督者（主に上司）によるケアのことです。ラインケアこそが、会社が行うべきメンタルヘルス対策の最重要課題といって過言ではありません。長時間労働対策として部下の労働時間管理を厳格に行うことや、部下の仕事の裁量権を考慮して仕事の質を改善すること、風通しの良い職場環境を心がけてハラスメント対策を怠らないこと、体調不良者を早めに発見し適切に対処すること、復職の支援を行いメンタルヘルス不調の再発を予防することなど、その内容は多岐にわたります。会社は管理監督者が適切にラインケアを行えるよう、管理監督者向けの教育を行ったり、企業風土を見直したりすることが必要です。

「事業場内の産業保健スタッフ等によるケア」は、会社の中で産業衛生分野の業務を担う専門家によるサポートを指します。主に産業医や産業保健師がこれに分類され、長時間労働者の面接や休職者の復職サポートなどを通じて、従業員の心身の健康を守ります。

●事業場外資源によるケア

最後の「事業場外資源によるケア」は、メンタルヘルス不調をきたした従業員の専門医療機関への受診や、社外カウンセリングの活用など、職場外の医療専門家によるケアを指します。基本的には会社が直接関わるケアではありませんが、最近は社外のメンタルヘルスサポート会社と提携して、従業員向けの電話カウンセリングサービスなどを導入する会社が増えてきました。これはＥＡＰ(Employee Assistance Program) と呼ばれ、事業場外資源によるケアに含まれます。

3つの予防

厚生労働省の〝メンタルヘルス指針〟の二つ目のポイントは「3つの予防」です。「4つのケア」

が「誰がメンタルヘルスケアを行うか」という軸であるのに対して、「3つの予防」は「どのタイミングでメンタルヘルス対策を行うか」という時間軸に沿った考え方です。

●一次予防

「一次予防」は、メンタルヘルス不調の「未然防止」、つまり職場の環境改善を通じて、そもそも体調不良者を発生させないための対策です。具体的には、従業員自身が良い睡眠をとったり心身がリラックスできるよう工夫をしたり、健康的な生活習慣に努めることがセルフケアの一次予防と言えるでしょう。また、ノー残業デーの策定や有給休暇取得の励行、業務効率化による負担軽減などは、ラインケアの一次予防に該当します。他にも社内運動会を開いて従業員同士が交流を深める、といったイベントも一種の一次予防と言えるでしょう。

●二次予防

「二次予防」は、メンタルヘルス不調者の「早期発見・早期対応」を指します。従業員自身が心身の不調について医療機関に相談に行くことは、セルフケアの二次予防にあたります。また、上司が勤怠不良の続いている部下に声かけし、産業医面談や医療機関の受診をすすめることは、ラインケアの二次予防に該当します。

●三次予防

「三次予防」は、メンタルヘルス疾患など心身の不調に陥った従業員の再発予防です。うつ病や適応障害を中心とするメンタルヘルス疾患は、適切な介入をしない場合、再発率が非常に高いことが知られており、過去に休職歴のあるメンタルヘルス疾患を持った労働者の再休職率は、5年以内で約5割に上ると言われています。こういったメンタルヘルス疾患の既往のある労働者を、職場内でしっかりサポートし、スムーズに復職させるとともに、長期的に再発を予防する対策を取ることが三次予防です。

職場の特徴を知る（人事労務担当者向け）

「4つのケアと3つの予防」の4×3のマトリックスを理解できたら、皆さんの会社で行っているメンタルヘルス対策が、そのどこに当たるか考えてみてください。

たとえばストレスチェックは「労働者自身によるストレスへの気づきの促し」を目的とした制度なので、セルフケアの一次予防を主目的とした制度になりますが、集団分析を行うことで、職場改善の契機にするといったラインケア的な目的も併せ持っています。長時間労働対策は、従業員の疲労回復を促進して体調管理を促すことが目的であり、ラインケアの一次予防に分類されます。職場復帰支援プログラムの策定は、再発予防が主目的であり、ラインケアや事業場内資源によるケアの三次予防に該当します。

このように当てはめていくと、現時点でのメンタルヘルス対策における会社の強みと弱みが見えてくるので、足りない部分を補う方法を考える一助にしてください。

セルフケア（主に従業員向け）

ここからは、4つのケアの中でも特に重要なセルフケアとラインケアについて詳しく説明します。

まずセルフケアですが、セルフケアにおける3つの予防は、「一次予防＝従業員自身がメンタルヘルス不調になりにくい生活習慣を作る」「二次予防＝メンタルヘルス不調になりかけた場合に早めに対処する」「三次予防＝メンタルヘルス不調による休復職後、再発を予防する」となります。

セルフケアの一次予防

●長時間労働を避ける

長時間労働とメンタルヘルス不調の関連は未解明な点も多いのですが、月80～100時間を超えるような極端な法定外労働時間が続くと、うつ病をはじめとするメンタルヘルス不調の発症リスクが2倍以上に高まると言われています。

長時間労働を避けるためには、あらかじめ退社時間を自分なりに設定し、それに向けて仕事をこなしていくことが大切です。その際には優先順位をおさえた効率的な段取りや、それぞれの業務の所要時間を想定した具体的なスケジュール管理、ＴｏＤｏリストツールなどの活用などが有効です。仕事量は常に自己管理できるわけではありませんし、緊急対応などでやむを得ない場合もあると思いますが、「周りも残業している」「なんとなく帰りにくい」などの理由で不必要に職場に残るのはやめましょう。

●睡眠の質を改善する

健やかな睡眠を保つことは活力ある生活につながります。逆に睡眠不足が続くと、心身の疲労が抜けなくなって体調悪化につながります。最近は帰宅後もインターネットやＳＮＳなどにはまり、目が冴えてしまい眠れなくなる人が増えています。また週末に昼夜のリズムを崩すと月曜日の出社が辛くなってしまうので、規則正しく良質な睡眠をとれる生活環境を自分で整えることが大切です。

厚生労働省は「健康づくりのための睡眠指針」の中で、快適な睡眠のための12箇条を示しています。そこにも①定期的な運動習慣や朝食の摂取で睡眠と覚醒のメリハリをつける、②自分にあった睡眠時間を確保する、③寝る前のカフェイン摂取や寝酒を控え、パソコン操作やスマホ操作などの光や音を避ける、④同じ時刻に毎日起床して朝日を浴びる、⑤眠くなるまで寝床に入らない（遅寝・早起きで睡眠リズムを修正する）、などの対処法が挙げられています。

なお、睡眠がうまく取れない原因として、甲状腺機能亢進症などの身体疾患や、うつ病などの精神疾患が背後に隠れている場合があります。生活習慣を改善しても不眠が続く場合は、専門の医療機関に相談してみましょう。睡眠薬は適切に使えばとても有用であり、短期間であれば依存性の問題も起こりにくいので、用法や用量を守って正しく使用してください（寝酒との併用や内服後の運転は絶対に避けてください）。

●適切なストレス対処を工夫する

第1章で解説したように、個人がメンタルヘルス不調を生じる背景には、職場の様々なストレス要因と、職場外でのストレス要因、その人のストレス耐性の強さ、職場や家庭でのサポートの有無といった緩衝要因などが、多重的に関わっています。

ただし、ストレスは必ずしも悪者とは限りません。セリエというストレス学説を提唱した科学者は、いみじくも「ストレスは人生のスパイスである」という名言を残しました。良いストレス（eustress）、たとえば目標や夢、スポーツ、良い人間関係などは、自分を勇気づけてくれたり、元気にしてくれたりする刺激になりますが、悪いストレス（distress）は、自分の心身が苦しくなったり、やる気をなくしたりするような負の要因となります。

まずは自分でできるストレス対処行動として、「3つのR」と呼ばれるRest（帰宅後や休日はゆっくり休む）、Recreation（家族や友人と楽しい時間を過ごす）、Relaxation（一人で読書や映画鑑賞を楽しむ）を始めてみてください。この点、休日にやることがないと仕事の心配事ばかり思い出してしまい、十分に休養できないことが少なくありません。仕事と関係ない、集中できる趣味を持って気分転換を図るのは、簡便かつ望ましい行動の一つです。特にスポーツなどで体を動かして普段使わない筋肉を使うことは、身体のリフレッシュを通じて心にも良い影響を与えます。まずは日常の何気ないものでよいので、少しでも興味のあるもの、楽しめるものを探してみましょう。

●周りの人に積極的に相談する

心の中にある不安や心配事を信頼できる家族や友人に話すと、不思議なほど気持ちが落ち着くことがあります。これは自分の悩みを言語化することで、ストレスが心の外に解放されることが理由とされています。また、客観的な立場からアドバイスをもらうことで、自分の悩みが本当は些細な出来事にすぎないことに気がつけることもあります。

さらに職場内でのホウ（報告）・レン（連絡）・ソウ（相談）も大切です。仕事の処理や業務上の悩みを自分ひとりで抱え込んでいると、精神的に追い詰められるだけでなく業務効率が大幅に低下してしまいます。周囲の上司や同僚は、本人が思っている以上に「助けてあげたい」という気持ちを持っているものです。困ったことがあったら、大事に至る前に積極的に相談してみましょう。

コラム 4

ストレスチェック制度の概要

２０１５年12月から、従業員数50名以上の事業場では年１回以上のストレスチェックの実施が義務化されました。この制度は大まかに言って「健康診断のメンタルヘルス版」と考えてください。本制度の主目的は従業員自身が自分のストレスの状態を知ることで適切なストレス対処をはかること、つまりセルフケアですが、高ストレス者に対する医師面接や就業上の配慮、集団分析など、ラインケアの要素も併せ持っています。

ストレスチェック制度は４つのステップに分かれます。１つ目は事前準備で、社内ルールの策定や従業員への周知などが該当します。

２つ目はストレスチェックの実施で、事業場の全従業員が対象となります（ただし従業員側には受検義務はありません）。ストレスチェックの結果とセルフケアのアドバイスは原則として本人のみに通知され、メンタルヘルス不調の未然防止に役立ててもらいます。なお使用する質問票は、厚生労働省が推奨する57項目のほか、エンゲージメント（仕事への前向きな感情）などを測定できる質問票もあります。社内でも実施可能ですが、個人情報保護やＩＴ活用の観点から、社外の受託会社を活用することが多いかと思います。

３つ目のステップは、高ストレス者面接です。ストレスチェック受検者のうちストレス得点の高い人（上位約10％）は「高ストレス者」と判定され、医師（主に産業医）による面接指導が推奨されます。会社はストレスチェック結果を直接確認できないため、高ストレス者と判定された従業員は自ら医師の面接を申し出る必要があります。会社は申出窓口を設置するだけではなく、申し出を理由とした不利益取扱いが禁止されていることを周知して、積極的に手を挙げてもらえる雰囲気を作ることが大切です。

4つ目のステップである集団分析は、コラム⑤（88頁）で解説します。

会社は面接指導を実施した医師から「就業上の措置の必要性の有無とその内容」について意見を聴き、それを踏まえて労働時間の短縮など必要な措置を実施します。なお医師からの意見聴取の内容は、原則として就労上の配慮のために必要なものに限定されます。

具体的な就業措置の内容や方法については、法律上の規定がありません。すなわち長時間労働者やメンタルヘルス不調者への対応と同様に、「会社が対応できる範囲でできる限り配慮する」というのが原則になります。不要なトラブルを避けるためにも、高ストレス者本人の意思を確認しながら、適切な就業措置を検討するように心がけてください。

以上が大まかな流れですが、ストレスチェックに関連した従業員への不利益取扱いは全面的に禁止されていること、実施結果は労働基準監督署への報告義務があること、面接指導などの結果は5年間の保存義務があることなども忘れないようにしてください。

セルフケアの二次予防

セルフケアの二次予防とは、メンタルヘルス不調になりかけた際に自ら早めに不調を自覚し、早めに手を打つことです（早期発見・早期対応）。一見簡単なことに思えますが、自分自身の体調を客観的に理解するのは意外と難しい上、日本社会では「ストレスで体調を崩すのは恥ずかしいことである」という意識が未だに根強いため、「これくらいは大丈夫だろう」と考えて手遅れになるまで放置しがちなので注意が必要です。

●早期発見のポイント

ストレスによる不調は「心身の一番弱い部分に出る」という特徴があります。そのため同じように強いストレス負荷を受けても、人によって現れる症状は異なります。現れやすい症状について次にいくつか挙げますが、これら以外でも何か自分の体調に違和感を覚えた時は、ストレスが原因になっていないか普段の生活を見直してみてください。

- 疲れているのにうまく睡眠が取れない（特に中途覚醒や早朝覚醒は要注意）
- 食欲がなくなったり、食事を美味しいと感じなくなる
- 慢性的に疲れが取れない

- 朝の出社前後の時間帯に特に調子が悪く、会社に行くのが辛い
- 遅刻や急な欠勤が増える
- 仕事でミスが増え、集中力が続かない
- 急に涙が止まらなくなる
- 投げやりな気持ちになる
- イライラしたり、怒りの感情が抑えられなくなる
- 週末も遊びに行ったり趣味を楽しむ気になれない
- 胃の痛みや下痢、頭痛、肩こりなどの身体症状が現れる

●早期対応のポイント

ストレスによる不調を自覚した場合は、セルフケアの一次予防（76頁）で解説した、ストレスを緩和するための生活習慣改善に取り組みましょう。それで体調が回復すればよいのですが、メンタルヘルス不調になってしまった場合は予防的なアプローチだけでは不十分なことが珍しくありません。その際にポイントとなるのが、周囲のサポートの活用と医療機関への受診です。

まずは信頼する家族や友人、上司や同僚に悩みを相談してみましょう。多くの場合、周りの人も皆さんを助けたい、相談してほしいと思っています。メンタルヘルス不調は周りから症状が分かりにくいので、「最近よく眠れず、気分が沈みがちで仕事に集中できないんです」「仕事中にひどい頭

痛がして、業務が滞りがちになって困っています」など、体調やストレス原因について具体的に相談することが有用です。

また何か助けてもらいたいことがあれば、それも正直に相談してみましょう。業務負荷がストレスになっているのであれば、「しばらく仕事量を減らしてもらえないでしょうか？」とか「相談できる先輩と一緒に仕事をさせてもらえませんか？」といった相談をすれば、意外と対応してもらえる場合が多いものです。直接仕事に関係しない家族や友人への相談も、心配してくれる人がいることで気分が落ち着いたり、客観的なアドバイスをもらえるなどの効用が期待できます。

最後に、普段と明らかに体調が異なる場合には、医療機関への受診も積極的に検討しましょう。心療内科や精神科に相談することは恥ずかしいことではありません。欧米では普段からメンタルヘルスをサポートしてくれる専門家を持つこと自体がステータスとも言われます。本当に体調が悪化した後では、どんな名医でも治すのに時間がかかってしまうので、「まだ大丈夫だから…」と思っているうちに外来を受診するようにしてください。

セルフケアの三次予防

セルフケアの三次予防は、メンタルヘルス不調をきたして休職した従業員自身が休職中の生活や復職後の就労において気を付けるべき、再発予防に向けた取り組みのことです。

●休職中の注意点

休職に入ったことを契機に、一日中横になっていたり外出しなくなるなど、生活のリズムが大きく崩れてしまう人は少なくありません。確かに休職の一番の目的は心身のエネルギーを回復させることであり、しばらくの間はじっくり休むことが大切です。しかし一度生活のリズムが崩れてしまうと、いざ復職したいと思った時に起床、就寝、通勤などの生活リズムの立て直しが大変になります。自宅療養中であっても、体調がある程度回復したら、主治医の指示のもとで勤務中と同じ生活リズムを取り戻すようにしましょう。

また復職を焦りすぎないことも大切です。多くの人は「自分がいないと迷惑をかける」「早く戻らないと居場所がなくなる」と考えがちです。しかしほとんどのケースでは、休職者が出ても他の人が仕事をフォローしてくれますし、体調が十分に良くなってから復職した方が周囲も歓迎してくれます。一方で中途半端な体調で復帰すると、必要最低限の業務負荷にも耐えられず再休職になってしまうリスクが上がります。再度休んでしまうと、本人が自信を喪失してしまうだけではなく、周囲の人も対応に苦慮することとなり、再発を繰り返す悪循環に陥りかねません。

職場復帰のタイミングは、メンタルヘルス不調の諸症状が消失するとともに自宅での生活リズムが改善し、「十中八九、大丈夫である」という自信を持てるようになった時期が適切です。またその際には本人だけではなく、家族、主治医、産業医、人事担当者、職場の上司や同僚など、関係者全員が同じ認識を共有することも大切です。職場復帰について考え始めたら定期的に会社とも連絡を取り合って情報を共有し、診断書提出や産業医面接、（必要に応じて）職場異動などの話し合いなどをスムーズに進めるようにしましょう。

●復職後の注意点

職場復帰を果たしたからといって、メンタルヘルス不調が完全に治癒したわけではありません。一般的には復帰後も数ヶ月〜数年にわたり、再発・再休職率の高い状況が続きます。ゴールは職場に戻ることではなく、健康に仕事を続けることである点を理解してください。

復帰後の就労で一番大切なことは、仕事や日常生活のリズムをしっかり維持することです。一度勤怠が崩れると、さらに仕事に行きにくくなる悪循環にはまってしまいます。余裕を持って起床する、十分な睡眠時間を確保する、週末は休養に当てる、といった体調管理を続けましょう。業務負荷による体調悪化を防ぐため、復職直後は残業や休日出勤をしばらく禁止してもらうことも有用です。

また、いきなり以前のパフォーマンスを出すことは簡単ではありません。メンタルヘルス不調が脳内の神経伝達物質の乱れと関係しており、体調が良くなってもしばらくは集中力や判断力、記憶力が低下しやすいためです。しかし、病状の回復とともにパフォーマンスは改善していきます。出社を続けていれば、いずれ結果は出るようになるので、本人も周囲も焦り過ぎないようにしましょう。

最後に、外来通院や産業医面接など、専門家のサポートも継続して受けるようにしてください。急に抗うつ薬などを中断してしまうと病気の悪化につながる場合があるので、定期的な通院、内服治療を優先して業務のスケジュールを立てましょう。なお、復職後も眠気や不安、疲れやすさなどが中長期的に残存することが少なくないため、運転業務や危険業務、出張などの可否については主治医ともよく相談しましょう。

コラム 5

ストレスチェックの集団分析を活用しよう

筆者の顧問先の大半では、ストレスチェック全受検者のうち高ストレス者が10％前後、医師面接の申出者が1％前後でした。予想通りの数字でしたが、これでは圧倒的多数の従業員の健康情報をラインケアに活かすことができません。プライバシーを守りつつ高ストレス者面接では確認できない健康情報を活用するため、ストレスチェック結果を一定規模の集団（会社全体、部、課など10名以上の集団）ごとに集計してから分析することで職場改善に活かす仕組みが「集団分析」です。法的義務ではなく努力義務ですが、ラインケア強化のために集団分析の実施と活用を行うことが、厚生労働省から強く推奨されています。

集団分析結果を活用するためには、まず各部署間や事業所単位で平均得点（仕事の量的負担やコントロール度、上司や同僚の支援など）を比較してみましょう。一部の部署に負担が集中していたり、上司と部下の関係性に問題があるなど、マネジメントの課題が浮き彫りになるかもしれません。また、毎年のストレスチェック結果を経時的に確認することも重要です。これにより職場改善の取組みの効果が可視化でき、従業員の健康と生産性を両立させる職場づくりのヒントになります。さらに男女比較、世代間比較も、有用な情報となる可能性があります。たとえば筆者の顧問先企業では、比較的若い20～30代の従業員で高ストレス者が多い傾向がありました。中高年層は正直に自分のストレス度を記載することに抵抗を持つ人が多いということかもしれませんが、指示されて動くことが多く裁量権の少ない20~30代の従業員でストレス度が高いことを示唆している可能性もあります。そのような会社では、入職時研修などで若い人に重点的にセルフケア教育をすることの費用対効果が高いかもしれません。

また筆者の顧問先で見られた興味深い所見として、「労働時間が極端に長い従業員」よりも「中程度の残業が持続している従業員」でストレス度が高い傾向がありました。「長時間労働を厭わない従業員に引きずられる形で残業が多くなってしまった従業員が、一番ストレスをためやすい」ということかもしれません。また「モーレツ社員はストレスへの気づきが少ない」ことを示唆している可能性もあります。いずれにせよ労働時間が長い従業員に対しては、本人が消耗しきってしまう前に適切に介入する必要がありそうです。

なお分析後の対策として「ストレス度の高い部署の管理職に、直ちに改善を指示する」ことはもちろん重要です。しかし悪人探しのような対応だけでは、管理職を委縮させてしまう可能性もあります。「ストレス度の低かった部署を表彰し、そのマネジメント方法を他部署にも周知する」など、前向きな職場改善を促す仕組みを考えてみてください。

ラインケア（主に管理職向け）

これまでお話したセルフケアが従業員による「自己保健義務」であるのに対して、ラインケアは、会社の「安全配慮義務」にあたります。ラインケアこそが、職場のメンタルヘルス対策の最重要ポイントといって過言ではないでしょう。これからラインケアの在り方について「3つの予防」の観点から俯瞰していきますが、大まかに言えば「一次予防＝仕事量、質を適切に管理して健全な職場環境を作ること」「二次予防＝メンタルヘルス不調者を早期発見し早期対応すること」「三次予防＝復職を適切にサポートし、メンタルヘルス不調の再発を予防すること」だと理解してください。

ラインケアの一次予防

ラインケアの一次予防は、職場の上司や管理職が行うべきメンタルヘルスの問題を防ぐ仕組みづくりです。ただし管理職任せでは十分な対応が難しいことが多いので、会社としても組織全体でストレスの原因となり得る職場環境を見直し、個人のストレス反応を生じさせない対策を考えることが大切です。

ラインケアの重要なポイントとしては、大きく分けて次の3つの軸があります。

- 仕事量をコントロールする（≒長時間労働の防止）

・仕事の質を改善する（⇒業務裁量の拡大）
・社会的承認感を高める（⇒支持的対応、ハラスメント対策など）

以下でそれぞれについて確認していきましょう。

●仕事量のコントロール（長時間労働対策）

どの程度働くといわゆる「長時間労働」に該当するか、明確な法律上の定義はありません。しかし法定外労働時間（週40時間を超える労働時間）が月45時間を超えると、心身の健康障害リスクが徐々に高まることが分かっています。また法定外労働時間が月80〜100時間まで増加すると、脳卒中や心筋梗塞、うつ病などのメンタルヘルス不調の発症頻度が2〜3倍まで高まることが様々な研究から明らかになっています。

長時間労働が原因で体調を崩す理由は未だ十分に解明されていませんが、交感神経の過活動やストレスホルモンの過剰分泌などを介して、血圧上昇をはじめとする身体の反応が起こり、脳・心臓疾患（くも膜下出血や脳梗塞、心筋梗塞など）が増加すると考えられています。さらに身体の緊張状態や心身の疲労が、うつ病をはじめとした精神疾患の発症や経過にも悪影響を与えると推測されています。

経験的にも、残業が増えれば運動不足に陥りやすくなりますし、夜中の飲食・喫煙・飲酒などの不健康な習慣が形成されやすくなるのは自明のことかと思います。また睡眠や休養の時間が減れば、疲れた体を十分にリラックスさせることができなくなりますし、家族や友人との時間が取れなくなることで、大切な人間関係における衝突が生じやすくなることもあるでしょう。

なお、従業員の健康被害を防ぐため、月100時間を超える残業をしている従業員が産業医の面接指導を受けたいと申し出た場合、事業者には、産業医の長時間労働者面接を実施することが法律で義務付けられています。法文上は労働者が申し出た場合に実施すればよいことになっていますが、労務コンプライアンスの観点からは、残業時間が月80~100時間を超えた場合には、対象者全員に産業医面接を受けるよう勧奨することが望まれます。面接の結果、産業医から残業制限などの就業上の配慮が必要と判断された場合には、意見書に従って適切な対応をすることが法律上義務付けられています。

長時間労働を減らすことは簡単ではありませんが、トラブルが起きてから対処するのでは手遅れです。また労働時間が長くなると集中力が低下し、かえって労働生産性が低下することが知られています。まずは93頁に示すような方法で会社全体の残業時間削減に取り組んでみましょう。なお、心身の不調を抱えている従業員は長時間労働に伴う体調悪化リスクが一般の従業員よりも高いため、より慎重に労働時間管理を行うようにしてください。

◉長時間労働対策の例

●タイムカードやパソコンのログで残業時間を正確に把握する

●不要な会議や資料作りがないか、仕事全体を見直す

●部下が帰宅しやすくなるよう、管理職も早く帰るようにする

●全社を挙げてノー残業デーを作る

●年休を取得しやすい環境を作る

●残業を事前申請制にする

●長時間労働対策に関する衛生委員会の討議内容を周知する

●仕事が一部の人に集中していないか確認し、適切な人員配置を行う

●本人と上司で話し合って残業削減目標を立ててもらう

●残業は朝にする方向に誘導する

●在宅勤務など「働き方改革」の導入を検討する

●会社としての残業削減目標を明示する

●遅い時間には照明を消し、仕事のできない環境を作る

●残業削減を達成した部署のメンバー全員にプラス評価をする

●長時間労働者に対して産業医面接を義務付ける

●仕事の質（裁量度）の改善

厚生労働省の調査によると、職場のストレス要因のトップは「仕事の量」と「仕事の質」の問題です。では「仕事の質」に関するストレスの大きさは、どのように決まるのでしょうか。ここで紹介する次の二人の営業マンのうち、ストレスが高くなりやすいのはどちらなのか考えてみましょう。

Aさん　月100万円の売り上げ目標が課されていて、毎日会社から指定された営業先に指定された時間に行き、決められた内容の営業活動を行うよう命じられている。休憩時間も含め、勤怠は常に上司への報告が義務付けられている。

Bさん　Aさん同様に月100万円の売り上げ目標があるが、顧客への訪問時間や営業活動については本人のやり方に任されている。結果は求められるが、勤務時間はある程度自由に決めることができる。

このように比較すると、多くの人は直感的に「Aさんの方がBさんよりストレスがたまりそうだ」と感じると思います。実際に、就労時間や勤務内容がほぼ同一であっても、「自分で決められること（裁量）」が大きい方がストレスを感じにくいことが知られています。社長や取締役といった役職が高い人が、忙しい割にはメンタル不調になりにくいのも同じ理由と考えられます。「仕事の質（裁量度）」はメンタルヘルス不調の発症リスクと大きく関連するのです。

◉カラセックの「仕事要求度―コントロールモデル」

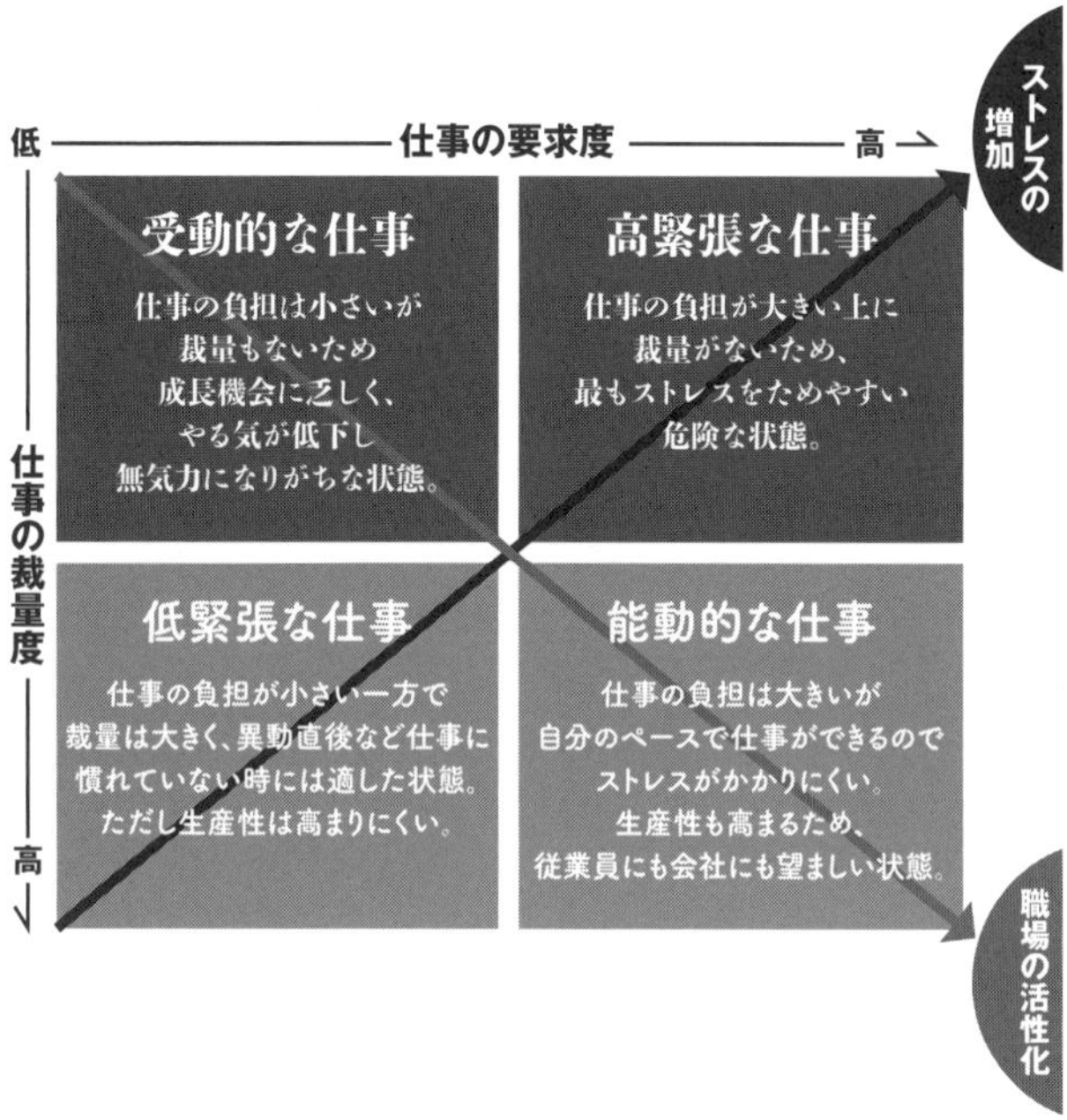

これをうまくモデル化したのがスウェーデンの心理学者カラセックが提唱した「仕事要求度―コントロールモデル」です（上図）。このモデルは仕事の要求度（いわゆる負担の大きさ）と裁量度によって職場の状態を4つに分け、それぞれにおいてストレス度や仕事への取り組み方を比較したものです。

このように見ると、単に仕事の負担を減らせば職場が健康になる、というわけではないことが分かります。従業員に裁量を与えることでストレス耐性を高めるとともに、職場全体の労働生産性を高めることも立派なメンタルヘルス対策です。メンタルヘルス不調を防ぐために、仕事の量だけではなく質（仕事の与え方）も見直してみましょう。

●社会的承認感を高める

労働時間の削減や仕事の裁量を与えることが大切であると理解できても、繁忙期には残業が発生してしまうこともあるでしょうし、仕事に慣れていない新入社員に最初から自由に仕事をさせるわけにもいきません。そんな時には「社会的承認感」を高める対応を心がけてください。つまり「あなたの仕事ぶりを認めています」「あなたがいてくれて嬉しいと思っています」というメッセージを伝えることができれば、部下のやる気を引き出すだけではなく、ストレス耐性の向上も期待できます。

では、具体的にはどのように部下をサポートすればよいのでしょうか。社会的承認感を高めるためには、激励ではなく、むしろ傾聴的態度が重要と言われています。「支持的傾聴」と呼びますが、何か相談があった際には最初から批判やアドバイスをせず、まず本人の意見や不安を十分に聞いてみてください。その上で「本当に辛かったですね」「あなたの気持ちは十分に理解できます」といった受容・共感するメッセージを送ってください。忙しい職場の状況が変わらなくても、これだけで部下のストレスは軽減されますし、体調などの問題をより相談しやすくなる（職場の風通しが良くなる）効果も期待できます。

実は、仕事によって得られる収入や待遇と本人のやりがい（≒社会的承認感）の間には、あまり相関がないことが知られています。つまり、給与を上げるだけでは社会的承認感はほとんど高まりません。それよりも、「自分は理解されている」「困った時は支援を受けることができる」という実感のほうが社会的承認感を高め、労働生産性を高めることに通じるのです。仕事にやりがいを見いだし、積極的に業務に参加していくことができれば、少々忙しい職場であっても従業員がメンタルヘルス不調をきたしにくくなります。

一方で、社会的承認感が満たされずに心身の不調をきたすと、さらに仕事への熱意がなくなり、やりがいを見いだすことが難しくなります。ざっくりと言ってしまうと、「仕事にやりがいを感じない環境≒メンタルヘルス不調になりやすい環境」といってよいでしょう。

「メンタルヘルス不調を減らすために何をすればいいか分からない」という人事労務担当者や管理職の悩みをよく伺いますが、「やりがいを高める職場環境作り」という切り口で考えれば、実行できることが見えてくるのではないでしょうか。「仕事の目標や手順が分からず困っている部下を、積極的にサポートする」「部下の悩みを傾聴する」「成功した時はみんなで喜び合う」「失敗を前向きに評価する環境を作る」といった小さな職場環境改善の積み重ねが、給与アップなどの褒賞よりも、最終的には重要な帰結につながることを理解してください。

コラム 6

ハラスメント問題を考える

社会的承認感を高める行為の対極と言えるのがハラスメントです。ハラスメントとは「嫌がらせ・いじめ」のことで、特に職場で問題になりやすい類型として、セクシュアルハラスメント（セクハラ）とパワーハラスメント（パワハラ）があります。

セクハラは「他の人を不快にさせる性的言動」と定義され、「上司が女性従業員の体を触ろうとしたが抵抗されたため、その従業員に不利益な配置転換をした」とか「事務所にヌードポスターを掲示しているため、女性従業員が苦痛に感じて業務に専念できない」という事例が該当します。

一方、パワハラは「同じ職場で働く者に対して、職務上の地位や人間関係等の職場内の優位性を背景に、業務の適正な範囲を超えて精神的・身体的苦痛を与える又は職場環境を悪化させる行為」と定義され、上司が部下に対して「お前は給料泥棒だ」など人格を否定する発言をする行為や、無視や仲間はずれ、過大（または過小）な仕事を命じたりする行為などが該当します。なお「いつまで結婚しないのか」といった発言など、私的なことに過度に立ち入る行為もハラスメントとみなされます。

ハラスメントは原則として「その行為により、平均的な労働者がどのように感じるか」が判断の基準となります。加害者の主観は関係ないので、「ハラスメントをする意図はなかった」という言い訳は通用しない点に注意してください。

会社には労働者の生命および健康を危険から保護するように配慮する義務（安全配慮義務）があるため、ハラスメントを放置した場合には会社が法的責任を追及される可能性があります。近年上司のパワハラを理由とする労災請求が増加していることからも、ハラスメントが個人の問題として放置できるものではないことが理解できると思います。

またハラスメント問題は周囲にもすぐに伝わるため、従業員の信頼低下や意欲低下など、容易に就業環境の悪化をまねき、労働生産性の大幅な低下につながります。他にも「ブラック企業」といったレッテルを貼られることで会社のイメージが損なわれるなど、ハラスメントは会社に対して様々な悪影響を与えます。

長時間労働の問題と同様に、ハラスメントのない職場環境作りには、経営層が「どのような理由があってもハラスメントは許容しない」という強いメッセージを出すことが必要です。その上で管理職研修やハラスメント防止指針の策定などを通じて、従業員のハラスメント問題に対する理解を深めるようにしてください。

コラム 7

長時間労働と法的リスク

長時間労働対策は従業員の健康を守るために行うものですが、労務コンプライアンスの観点からも積極的な対応が求められます。長時間労働を放置することの主な法的リスクとして、労災問題と三六協定違反の問題があります。

第1章でも紹介した通り、精神疾患に関連する労災認定件数は近年急増しています。これは労災認定基準に労働時間の目安が盛り込まれたこととも関係しており、具体的には法定外労働時間が単月で月100時間以上、あるいは月80時間程度でも慢性的（2ヶ月平均または6ヶ月平均）に続いた従業員が心身の健康を崩した場合、労災認定される可能性が非常に高くなります。また労災認定がなされた場合は、民事訴訟においても会社の損害賠償責任が認められる可能性が高まります。裁判所が判断する損害には積極損害（治療費など）、逸失利益（本来得られるはずの給与など）、慰謝料が含まれますが、特に若い従業員が働けなくなった場合は逸失利益が非常に大きくなるため、賠償金額が1億円を超えることも稀ではありません。

もう一つの法的リスクとして、近年三六協定違反が厳しく取り締まられるようになってきたことがあります。労働法上、週40時間を超える法定時間外労働や法定休日の労働は原則として禁止されています。これらを行うためには、事前に労使で三六協定と呼ばれる協定を結ぶ必要があります。しかし協定を結んでも「年6回を超える45時間超の残業」「特別条項を超える長時間残業」などの三六協定違反は犯罪行為であり、刑事罰として6ヶ月以下の懲役（使用者や上司が対象）または30万円以下の罰金に処される可能性があります。以前は三六協定違反があっても労働基準監督署の是正勧告程度で済む場合が多かったのですが、ここ数年は違反した会社が実名公表されたり、役員や上司が刑事責任を追及され書類送検されるケースが急増しています。さらに厚生労働省は、2017年5月より違法残業などの労働基準関係法令違反で各都道府県労働局が公表した事案を同省のホームページに集約して、社名とともに公表しています。長時間労働撲滅を目的に、今後三六協定違反への対応はさらに厳しくなる様相を呈しています。

なお、これまでに述べた法的責任は、従業員が自主的に残業していたとしても免除されません。つまり従業員が何もせず漫然と職場にいただけでも、何かトラブルが発生した場合には「長時間労働があった」と判断されてしまいます。

労働時間を減らすためには、まず経営層が「長時間労働は絶対に許容しない」というメッセージを従業員に送り続ける必要があります。長時間労働を放置することの法的リスクを知り、従業員の健康を守ることに加えて会社を存続させるためにも、何か問題が起こる前に適切な労働時間管理を行うよう努めてください。

ラインケアの二次予防

ラインケアの二次予防とは、メンタルヘルス不調を発症した（発症しかけている）従業員を早期に発見し、適切な対応を行うことです。つまり職場の上司などの管理職が、部下である従業員のメンタルヘルス不調に「気づき」「声をかけて」「産業衛生部門や医療機関につないだり、業務量軽減などの配慮をする」ことを指します。この中でも特に大切な「気づき」と「声かけ」のポイントについて詳しく解説します。

●早期発見のためのチェックリスト

部下が疲弊しきって病状がひどくなる前に上司から声をかけるためには、勤怠面、仕事の能率面、対人関係面などでの小さなサインに早く気づくことが必要になります。103頁にメンタルヘルス不調で現れやすいサインのチェックリストを挙げますが、いくつも当てはまる部下はいませんか。一見仕事上のミスや問題行動として部下に対して厳しく対応・処理したくなるような行為にこそSOSが隠れている、という点に注意してください。これらの項目にチェックがつくような状況が1～2週間以上続く部下がいたら、上司から積極的に声をかけるようにしましょう。

◉メンタルヘルス不調で現れやすいサイン

□遅刻や欠勤が目立つようになった

□残業、休日出勤が目立つようになった

□仕事のペースが著しく低下している

□仕事に対する意欲が低下していると感じられる

□きちんと整理されていたデスクが雑然としてきた

□ケアレスミスが目立つようになった

□ホウ（報告）・レン（連絡）・ソウ（相談）がなくなった

□声が小さくなった

□周囲との交流を避けるようになった

□イライラして周囲の人といさかいを起こすようになった

□自己卑下が強くなった

□表情が暗く元気がない

□不眠、食欲不振、頭痛、吐き気などの訴えがある

□飲酒量が増えた、職場でアルコールのにおいがする

●声かけの際の注意点

安易なアドバイスや批判は、メンタルヘルス不調を生じている従業員にとって非常に苦痛に感じられるものです。まずは傾聴・受容・共感の姿勢で、従業員が抱えている問題をじっくり聴くことから始めてください。その際に有用な面接技法として、中立的質問（ニュートラル・クエスチョン）から始めて、開放的質問（オープン・クエスチョン）で相手の情報を幅広く聞き出し、最後にイエス・ノーで答える質問（クローズド・クエスチョン）で、聞き逃した問題点を確認・整理するという方法があります。

最初は中立的質問として、事実に基づいて聞きたいことを確認します。たとえば「最近月曜日に遅れてくることが多いようだけれど、どうしましたか」とか、「金曜日の会議の前に、長く席を外していたので、気にかけています」といったように、部下の体調を心配していることを伝えつつ、答えやすい内容から聞いてみることがポイントです。

続いて開放的質問として、「どんなことでもよいので、何か心配事があれば教えてください」といった形で部下の話を促し、一定時間、さえぎらずに傾聴します。

最後に、ポイントとなるべき重要事項について、イエス・ノーで答える質問で確実におさえましょう。「メンバー同士のコミュニケーションは円滑ですか」「仕事配分で困っていることがありますか」といった職場環境の確認など、対処する上で必要な情報を収集するようにしてください。

部下の話を聞き終わったら、「話してくれてありがとう。どのように対処すればあなたの悩みを軽くできるか検討します」と伝え、サポートする意思を示しましょう。「がんばれ」「それくらい、大丈夫だ」などの励ましや、安易な解決法の提案は、本人をさらに追い込むことにつながりかねないので、原則的には避けるようにしてください。

面接の際には会議室を使用するなど、部下が話しやすい環境で話を聴くようにしましょう。また威圧感を与えないよう、対面するよりも斜めに座るように心がける、腕組みはしない、相手のペースに合わせて時々アイコンタクトを取ったり相槌を打つなど、最後まで話を聞く姿勢を見せることも大切です。

なおラインケアを行う上司はメンタルヘルスの専門家ではありません。メンタルヘルス不調を疑ったら「念のために専門家に診てもらったらどうでしょうか」「毎月産業医が来ているので、今度相談してみませんか」といったアドバイスをして、早めにメンタルヘルス不調の診断、治療につなげていくようにしましょう。

コラム 8

自殺予防対策とゲートキーパー

自殺予防は職場におけるメンタルヘルス対策の最重要トピックスの一つです。しかし死にたい気持ちに駆られている重度のうつ病患者さんなど、高リスク者に対して会社ができることは限られています。なぜなら会社が従業員を24時間監視することはできないので、「電車に飛び込む」などの自殺行為を完全に防止することは到底不可能だからです。職場の自殺予防対策で重要なことは、もっと早い段階での予防的対応、つまり「従業員が自殺を考えるような精神状態になることを防ぐこと」や「自殺を考えている従業員を早期に発見し、早急に専門家につなげること」になります。

自殺する人の多くは直前にメンタルヘルス不調をきたしているというデータがあり、前者についてはこれまで述べてきたメンタルヘルス対策がそのまま当てはまります。一方で後者（早期発見・早期対応）を行うために知っていただきたいキーワードが「ゲートキーパー」です。ゲートキーパーとは「身近な人の自殺のサインに気づき、その人の話を受け止め、必要に応じて専門相談機関につなぐなどの役割が期待される人」のことを指し、会社においては誰もが同僚や部下のゲートキーパーになる可能性があります。次のポイントを確認し、いざという時に慌てず対応するようにしてください。

- 辛いことを周囲に相談するのは、悩んでいる本人にとってハードルが高いものです。早めに小さな変化に気付き、勇気を出して「大丈夫？」と声をかけてみてください。
- 一方で突然辛い話を聞くと、相談された側の心身が拒絶反応を示してしまうことがあります。いつ相談を受けてもいいように、普段から心の準備をしておきましょう。
- 積極的なアドバイスを行うことよりも、誠実な態度で悩みを聴くことが大切です。傾聴、受容、共感の姿勢で辛い気持ちを受け止めましょう。
- 「あなたのことを心配している」という気持ちを正直に伝えてあげてください。サポーターの存在を知るだけでも、自殺を踏みとどまるきっかけになります。
- すぐに解決策を見つけるのは難しいかもしれません。職場の仲間や人事労務担当者、家族など他のサポーターも巻き込み、一緒に解決策を考えましょう。
- 対応に困った際には、早めに医療機関などの専門家につなげましょう。
- ゲートキーパー自身の健康管理も重要です。相手を心配するあまり、自分にストレスをためすぎないように注意しましょう。

ラインケアの三次予防

ラインケアの三次予防は、メンタルヘルス不調の再発予防が主目的です。２０１７年に厚生労働省の研究班が、うつ病になって病気休暇を取った大企業の従業員の約半数が復帰後5年以内に再発し、病気休暇を再取得していたというデータを発表しました。またストレスチェックを用いた分析では、負担が大きいと感じる従業員の多い職場では、そうでない職場に比べ、病気休暇の再取得のリスクが約1・5倍高いという調査結果も出ています。いずれもメンタルヘルス不調者の職場復帰の際に、会社や管理職が慎重にサポートする必要があることを示唆するデータです。

管理職がメンタルヘルス不調者の復職に関わる際に注意すべきポイントとして、休職中の連絡の取り方、復職可否の判断基準、復職支援プログラムとリワーク、再発予防のためのサポート方法などについて以下で解説します。

●休職期間中の対応

休職者は仕事から離れて心のエネルギーを回復するために休んでいるので、まずは頻繁にメールや電話をせずに休養しやすい環境を作るようにしてください。ただし休職中とはいえ会社に籍を置いている以上、最低限のコミュニケーションは必要です。現状がつかめていないと、急に休職者から復職希望の連絡が入って職場が混乱する、といった事態が生じやすいですし、逆に「いずれ戻ってくるだろう」と考えていた人材が退職してしまい困ってしまうこともあります。休職者にとっても、会社から全く連絡がないと「自分は必要とされていないのではないか」と不安になったり、不信感が高まることが多いものです。

よって、休職者とは常識的な範囲で定期的に連絡を取り合うことが推奨されます。たとえば週1回の安否確認メールや、月1回の面談といった程度なら、休職者に強いストレスをかける行為とはいえないでしょう。ただし会社に来てもらう場合には、交通費や万一の事故の場合の対応が問題となります（休職中は労災が適用されません）。就業規則であらかじめ交通費支給の有無を定めたり、私的保険を活用することも検討しましょう。

またメールしても返事が来ない、携帯電話にかけても折り返しの連絡が来ないなど、休職中の従業員と連絡がつかず対応に苦慮することがあります。健康情報はプライバシーに関わる情報ですので、家族などに対しても本人に無断で安否確認しないことが大原則です。ただし個人情報保護法にも生命や身体に危険が及ぶ可能性がある場合の例外規定があるので、自殺の可能性など緊急性が疑われる場合は、会社から家族への連絡も許容されることは覚えておきましょう。

なお、休職者が直接会社の上司や人事と会うのが辛いということであれば、産業医や保健師などの健康管理スタッフを活用することをお勧めします。休職中の対応が、その後のスムーズな復職につなげるために大切なものであることを理解してください。

●復職の判断（人事労務担当者向け）

休職をしている従業員は、「経済的に立ち行かなくなる」「このまま休んでいると居場所がなくなってしまう」といった不安を持ちがちで、復職を焦りすぎてしまう傾向があります。また主治医も従業員の希望に合わせて、安易に復職許可の診断書を書くことが稀ではありません。しかし、十分な体調改善を伴わない復職は再発リスクを高め、結果的に退職せざるを得なくなるなど、問題をより大きくしてしまいます。

スムーズな復職を進めるためにも、会社としての復職判断の基準をあらかじめ策定し、その内容を休職者に早めに伝えておくことが大切です。基準を明らかにすることで、望ましいタイミングでの復帰を促せるだけではなく、従業員も安心して復職に向けたステップを踏むことができるようになります。

111頁に復職判定基準の例をあげますが、少なくとも「週5日間、定時で出退社できること」「ある程度の業務がこなせること」「安定した体調を維持できること」の3点は必ず確認し、復職のプロセスは石橋を叩いて渡るぐらい慎重に進めてください。復職判定基準に準拠した形で主治医に診断書を作成してもらう、自宅での生活リズムを記録してもらい確認する、復職前に産業医面接を義務付ける、復職の可否を判断する委員会を設置する、といった対応も有用です。

◉復職判定基準の例

- ●復職に対して十分な意欲を持っていること
- ●週5日間、定時に出社できること
- ●安全に通勤を継続できること
- ●ある程度の業務がこなせること(通常従業員の8割程度が目安)
- ●日中の眠気など、業務に悪影響を及ぼす自覚症状がないこと(薬の副作用を含む)
- ●職場環境を著しく乱すおそれがないこと
- ●復職後も安定した体調を維持できること

※以上の項目の全てを満たした場合に復職を許可する。

●復職支援プログラム　～「試し出社」と「軽減勤務」～（人事労務担当者向け）

復職支援プログラムとは「休職者を復職させる際に、しばらくの間は出社してもらうだけの期間を作ったり、一時的に業務負荷を軽減することで、復職をスムーズにする段階的職場復帰手法」のことです。法律で義務化されたものではありませんが、厚生労働省の指針では復職支援策の一つとして推奨されています。最近は就業規則などで制度化している企業も少なくありませんが、この制度のメリットや注意点について考えてみたいと思います。

まず、復職支援プログラムは大きく分けると次の2パターンに分類されます。

- 正式復職前に（休職期間中に）職場に短時間出社し、正式復職に向けて通勤練習していく方法（ここでは「試し出社」と呼びます）
- 正式復職後に短時間勤務などの業務負荷を軽減した状態から開始し、徐々に通常勤務に近づけていく方法（ここでは「軽減勤務」と呼びます）

試し出社は、正式復職の前に会社側が休職者の現状を把握できることが最大の利点です。「復職可能との診断書が提出されたが、実際に出社させてみると明らかに体調が悪い」ということは珍しくありませんが、試し出社を挟むことにより病状回復前の不適切な復職を防ぐことができます。休職者にとっても、業務負荷のない状態で職場に来る練習ができることは、職場復帰のハードルを下げる意味で大きなメリットがあります。

一方で、休職中に出社することに伴う問題があります。たとえば交通費の支給などの細かい点について事前に取り決めが必要です。また事故があっても労災保険が適用されないので、万一通勤中や会社内で事故があった場合の対応を検討しておく必要があります。さらに休職中の従業員には業務を命じることができませんので、出社させても引き継ぎ準備程度の負荷しか与えることができません。出社しても仕事がない環境に、休職者がかえってストレスを感じてしまうこともあります。

これに対して軽減勤務では、指揮命令の可否や労災保険不適用の問題は生じません。「就業時間が通常よりも短い」などの配慮事項を除けば、他の従業員と同様に仕事をしてもらいながら経過をみていくことができます。しかし、軽減勤務を開始してから体調不調の問題が再燃した場合には、再休職の判断について従業員と会社の間で意思の齟齬《そご》が生じるおそれがあります（会社が再休職した方がよいと判断したにもかかわらず従業員が拒否する、など）。また復職すると傷病手当金が支給されなくなりますが、短時間勤務中の給与をどうするか、という問題もあります（業務時間に合わせて金額を調整する場合は、あらかじめ就業規則で定めておく必要があります）。

どちらの制度設計も一長一短ですが、復職にあたっては最低限の労務の提供ができる体調であることが大前提です。よって一般論としては、正式復職前に十分な体調回復の有無を判断できる試し出社の方が、復職後の再発リスクを回避しやすくなるため問題が少ないと思われます。出勤に慣れ、体調の回復が確認できれば早めに正式復職を認めるべきですので、期間としては2週間～1ヶ月程度が適切です。

いずれにしても復職支援プログラム自体は復帰を手助けする手段に過ぎず、最終目的は休職者が以前と同じように仕事ができるようになることです。復職支援プログラムがあるからといって中途半端な回復状況で復職を認めてしまうと、メンタルヘルス不調の再発リスクを高めてしまうので注意してください。

●リワークプログラム（人事労務担当者向け）

リワークプログラムとは、その名の通り「休職者が復職する前に体を慣らすための練習用プログラム」を指す用語です。厚生労働省の指針では復職支援プログラムと同様に、メンタルヘルス不調による休職者の復職において活用することが勧められています。最近は外来患者さんや人事労務担当者からリワークプログラムの問い合わせを受けることが増えており、徐々に社会的に認知されつつあるようです。

復職支援プログラムとの最大の違いは、リワークプログラムの実施主体は会社ではなく、精神科クリニックなどの医療機関である点です。会社はリワークプログラムに直接関与せず、復職を希望する休職者本人が医療機関に申し込むことになります。リワークプログラムの詳細は医療機関によっても異なりますが、徐々に時間や回数を増やしながら次のような練習や治療を行っていくことが一般的です。

- 最終的には週5日の参加を目指し、リワーク施設への出勤訓練を行う
- 仕事に体を慣らすためにパソコン作業などを練習する
- コミュニケーションスキル向上のためにカウンセリングや集団療法を行う
- 休職に至った理由の振り返りや、再発を防ぐための対策を検討する

休職者は継続的にリワーク施設に通うことで、職場復帰に必要な生活リズムを取り戻すとともに、パソコンを扱うデスクワークや、荷下ろし／荷片付けの軽作業など、実際の業務に近い作業プログラムを通じ、職場復帰に向けたウォーミングアップを図ることができます。またグループワーク（集団療法）を行い他の復職予定者とともに議論することを通じて、自分はどうして休職に至ったのか、これまでの働き方のどこに問題があったのかを振り返り、復帰後のストレス対処やセルフケアについて、あらかじめ準備することができます。

特に長期休職者が復職する際には、自力でこれらの練習をすることは困難なことが少なくありません。また、実際には朝起きられないなど生活リズムが良くなっていないのに、職場復帰を焦って虚偽の申告をする休職者も時々見かけます。リワークプログラムに参加することで、休職者は生活リズムを保ちやすくなりますし、会社は復職に向けた客観的な情報を受け取ることができます。

リワークプログラムは、マンパワーの問題で復職支援プログラムを完備することが難しい中小企業で特に有用です。また本制度は健康保険の対象になりますので、休職者の経済的負担もそれほど

重くありません。このようにうまく活用すれば、休職者にとっても企業にとっても大きなメリットがあるリワークプログラムですが、デメリットとして、実施している医療機関が少ない点と実施に時間がかかる点は、あらかじめ理解する必要があります。特に地方では、リワークプログラムを行える医療機関自体が全くない地域も稀ではありません。またリワーク導入から復職許可の最終判断まで半年ほどかかる場合もあるため、リワークを行う場合は早めに休職者に申し込みをしてもらう必要があります。こういった限界も理解しつつ、長期休職者や再発したケースなどを中心に、休職者に対して積極的な活用を促してみてください。

●再発予防のための復職後サポート

ラインケアの三次予防の最終目標は、休職者が職場復帰することではなく、その後も長期的に体調を崩さず仕事を続けられるようにすることです。しかし、復職した従業員が再度調子を崩すことは稀ではありませんし、多くの場合は1回目より2回目の方が重篤化します。たとえば厚生労働省研究班の報告によると、うつ病などで病気休暇を取った大企業の従業員が復職後に再度病気休暇を取った場合、その休暇期間は、1回目の平均107日に対し、2回目は同157日と1・47倍と長期化することが分かっており、休職の繰り返しは従業員の回復過程を大幅に遅らせてしまいます。117頁のチェックリストで一つでも気になることがあれば、早めに人事労務担当者や産業医とも相談し、部下が再び大きく体調を崩す前に職場で気づき、支えるように努めてください。

◉上司のための部下のメンタルヘルス不調再発予防チェックリスト

□仕事量（労働時間）を厳格に管理する

労働時間管理は三次予防の最重要ポイントです。特に復職後3ヶ月程度は再発率が高いため、主治医や産業医の意見に従い、時短勤務、残業禁止、運転禁止、出張禁止などの就労制限をしっかり守るようにしてください。

□仕事の質を管理する

復職後は、業務や職場の人間関係に不慣れなことが多く、業務の裁量が広すぎるとかえって負担になることがあります。まずはルーティンワークのような、安定して結果が出せる仕事から任せるようにしてください。

□社会的承認感を高める

復職者は休業中の遅れを取り戻そうと焦っていることが多く、自己評価も低くなりがちです。上司が定期的に体調を確認する機会を作り、本人が今できていることを肯定的に伝えるなど、社会的承認感を維持するための配慮が重要です。

□職務遂行能力の回復を待つ

アウトプットが病前の状態に戻るまでには、少なくとも数ヶ月程度かかる場合が多いです。それまでの間、上司は業務量の配慮、優先順位づけの指示、サポーターの配置など、積極的な支援を行ってください。

□定期通院をサポートする

復職後も最低数ヶ月程度は抗うつ薬の内服などを続け、医療機関に定期通院することが一般的です。主治医への受診に支障が出ないよう業務に配慮してください。

□小さな変化を見逃さない

声が小さくなった、小さいミスが増えたなど、本人の変化を早めにとらえましょう。特に遅刻や突然の欠勤などは、メンタルヘルス不調再発の有無をチェックする上で最も重要なポイントです。勤怠が悪化した場合は、原因にかかわらず従業員に体調の聞き取り調査を行い、人事労務担当者とも連携して適切な対応を検討してください。

コラム 9

従業員へのグリーフケア

　事故や自殺など、何らかの理由で突然亡くなった従業員が出た際に、その従業員の上司や同僚が「自分のせいで亡くなったのでは」「何かサポートできることがあったのでは」と思い悩み、うつ病等の精神疾患を発症する事態は少なからずあります。特に同僚が第一発見者だったようなケースでは、強いショックを受けてPTSD（心的外傷性障害）に近い症状をきたすこともあります。従業員の生死に関わるような大きな問題が生じた場合、遺族対応などが優先されて残された従業員への対応がおざなりになりがちですが、二次被害を防ぐのも会社の責任です。死別を経験した人は、「喪失」と「立ち直り」の思いとの間で精神的に不安定になる時期があります。悲しみにくれている人をサポートしてメンタルヘルス不調を防ぎ、立ち直りを促す活動である「グリーフケア」は、会社の労務コンプライアンスの観点からも重要な対応です。

　会社で行うべきグリーフケアの第一歩は、大きな精神的ストレスにさらされている従業員を見つけることです。メンタルヘルスに関連した体調の問題は自主的に申告しにくいことが多いため、ストレスイベントから1～2週間程度の時間を空けて、会社側から関係者（上司、部下、同僚など）に対して聞き取り調査を行うことをお勧めします。その際には、できるだけ話しやすい環境を準備した上で、「○○さんが亡くなったことで深い悲しみを感じたのではないかと思います。その気持ちは当然ですが、体調に悪影響をきたしていることはないですか？　睡眠や食事はしっかり取れていますか？」といった形で、従業員の気持ちに寄り添いつつ体調確認を行いましょう。辛い心情に共感して話を聞いてくれる人がいるだけでも、気分が楽になることが少なくないため、他のメンタルヘルスのサポート場面と同様に「支持的傾聴」がグリーフケアの最重要ポイントです。

何らかの体調不良の訴えがあった場合には、比較的軽い症状であれば定期的に面接の機会を作り、徐々にでも体調が回復していくか経過をみてください。一方で数週間しても改善がなく、「不眠や食欲不振が続く」「涙が止まらない」「仕事に来るのが辛い」といった抑うつ症状を疑わせる訴えがあった場合には、早めに産業医面談や精神科受診など、適切な医療機関につなぐ必要があります。その後は専門家のアドバイスに応じて、一時的な就労制限など適切な対応を取るようにしましょう。

なお、会社のグリーフケアは上司、人事労務担当者、産業衛生スタッフなどが行うケースが多いですが、ケアを行う人自身が精神的に辛くなってしまうことがあります。二次的、三次的な問題が生じないよう、ケアをする人の体調管理にも注意してください。

第3章

ケーススタディ

～対応困難事例に取り組む～

ケーススタディに取り組むにあたって

　第1章ではメンタルヘルスの基礎知識、第2章では職場のメンタルヘルスケアについて解説しました。第3章では、筆者や顧問先企業が実際に対応に苦慮したメンタルヘルス不調の対応困難事例について、ケーススタディ形式で掘り下げていきます（事例は個人情報や会社名が分からないように大幅に改変しています）。いずれも現代型うつ病や発達障害、アルコール依存症、認知症など、医学的に対応が難しい病態であるだけではなく、休復職を巡るトラブルなど様々な事情で複雑な状況になってしまった事例であり、一見すると、どうすればいいか途方にくれるかもしれません。

　しかし、メンタルヘルス不調者対応の原則を理解していれば、どんな難しいケースでも対処は可能です。その原則とは、メンタルヘルス不調の「疾病性」（医学的な病気の有無）と、「事例性」（就業上の配慮の必要性）を分けて考えることです。メンタルヘルス不調は心に出ることもあれば、身体症状として現れることもあり、一人ひとりの症状は千差万別です。さらに診断名や治療経過も多彩なため、疾病性にとらわれすぎてしまうと対応を見極めることが難しくなります。それに対して事例性を重視し、「あくまでも労務の問題としてとらえる」ことで解決策が見えてきます。つまり「○○病だから、何か配慮しなくてはいけない」ではなく、「仕事を続ける上で××に困難が生じているので、どう解決するか一緒に考える」という視点が大切です。病名がどうあれ、病気そのものは会社が治せるわけではありません。人事労務担当者がすべきことは、出勤の可否や本人のアウトプットを確認し、職場のラインケアを通じてメンタルヘルス不調者をサポートしていくことに尽きるのです。

また、体調を崩している従業員に対して十分に配慮することは絶対に必要ですが、一方で特定の社員に対して漫然と軽減勤務などの配慮を続けてしまうと、周囲の負担や不満が増加して職場の雰囲気が悪くなりがちですし、本人の治す意欲を阻害してしまう場合もあります。大事なことはメンタルヘルス不調者の事例性や会社の状況を考慮した上で、どこまで配慮することが適切か、その枠組みを十分に検討して、関係者全員で共有することなのです。さらには、労務コンプライアンス上、その配慮は妥当なのか、状況に応じて見直すことも必要です。こういった視点で本章の事例を検討し、皆さんの会社で対処法を考える際の参考にしてみてください。

なお、発症や経過にストレスの関与がない病気（脳卒中後遺症や若年性認知症など）を有する従業員についても、事例性に基づいた対応が重要である点は変わりません。これらは本書で定義する「メンタルヘルス不調」に該当しませんが、就労支援にあたっては同様の問題が生じ得るため、本章で併せて解説します。

ケース1　現代型うつ病が疑われるAさんの事例

システム会社（従業員数１４０人）の総務担当であるAさん（35歳男性）は、一流大学の法学部出身です。30歳まで司法試験を受けていましたが合格できず、他社での契約社員を経て3年前に入社しました。法務部での採用でしたが、とても神経質な性格で、部下の仕事について過剰に細かい点まで叱責を繰り返して退職に追い込んでしまった経緯があり、約1年で総務部に異動になりました。

しかし総務部でも同様の問題が発生し、上司が注意しても反抗的な態度に終始していました。また基礎的な能力はとても高いものの、会議資料などについて必要以上のものを作ろうとして時間がかかってしまう傾向があり、慢性的に月80時間程度の長時間残業が続いていました。現在は部下のいないポジションで仕事をしていますが、同僚に「こんな簡単な仕事もできないのか」など暴言を吐いてトラブルになるなど相変わらず問題行動が続いたため、人事部では戒告などの懲戒処分を検討していました。しかし長時間労働が持続していることに関連して上司が面接したところ、Aさんから「実は2ヶ月前から心療内科に通院しています」との話がありました。

Aさんの主張

1年ほど前から不眠やイライラ感、気力低下が強くなっているように感じます。残業時間が長く、疲れがたまっていることが影響していると思います。もともと法務がやりたくて入社したので、現在の職種に不満がありますが、それでも自分なりにベストを尽くすようにしています。周りの人がきちんと仕事をしてくれれば楽になるのですが…。

また体調不良で2ヶ月前から心療内科に通院し、睡眠薬が処方されています。主治医から「残業を減らしてもらうように」という指示がありましたが、自分しかできない仕事が多いので休みたくても休めません。部下を付けてもらえると助かります。

人事労務担当者の懸念

能力は十分にありますが、プライドが高く同僚のあら探しをする傾向があり、周囲とうまく仕事ができないので困っています。パート社員や自分より年下の社員に対してバカにするような言動が目立つため、部下をつけることもできません。今までは上司からの注意に留めていましたが、今後は懲戒処分も含めて検討しています。そこまで仕事量は多くないので、残業時間が長いのは本人の仕事の仕方にも問題があると考えています。

本ケースの問題点

Aさんの病名ははっきりしませんが、長時間労働に関連して抑うつ症状が出現しており、うつ病や適応障害の発症が疑われます。一方でこれまでの経緯を見ると、Aさんのコミュニケーションスキルにも問題がありそうで、通常のうつ病の経過とはやや違う印象も受けます。本ケースはいわゆる「現代型うつ病」の事例であり、次のポイントを念頭において慎重に対応する必要があります（現代型うつ病については46頁を参照）。

第一のポイントは長時間労働の問題です。人事労務担当者は本人の問題と考えていますが、理由はどうあれ長時間労働がメンタルヘルス不調の一因となっているのであれば、会社としては何らかの対応が必要になるでしょう。

第二のポイントはAさんに対してどのようなサポートをすべきか、という点です。Aさんは部下をつけてもらうことを希望していますが、過去の経緯を見るとAさんのマネジメント能力には問題がありそうです。労働時間の削減以外にも、Aさんが落ち着いて仕事を続けられるようにするための工夫はあるでしょうか。

第三のポイントは懲戒処分の適否についてです。Aさんにもいろいろ言い分があるようですが、職場環境を悪化させたり、他の従業員に過度なストレスをかける行為を見過ごすわけにはいきません。懲戒処分を科したり低い業務評価を伝えるなど、メンタルヘルス不調を有する従業員に厳しい話をすることの適否や、その際の伝え方についても考えてみましょう。

本ケースの考え方

●長時間労働防止を徹底する

皆さんもご存知の通り、長時間労働に対しては、近年社会的に厳しい目が向けられています。残業に関する指揮決定権は会社にあるため、仮にAさんが自主的に長時間残業を続けていたとしても、それが体調悪化の一因であるとすれば、会社にも責任の一端があると言わざるを得ません。よってメンタルヘルス不調でアウトプットが落ちている可能性があるAさんに過度な負担が生じないように、業務量を見直す必要があります。またAさんが勝手に残業しないよう、上司がしっかり勤怠管理することも重要です。

●コミュニケーションの問題について率直に話し合う

次に残業時間削減以外のストレス軽減策についても検討してみましょう。Aさんは他人の気持ちを汲み取る能力が低いため、周囲の同僚と良い関係が築けないようです。現代型うつ病の従業員は、問題の根底にこのようなコミュニケーション能力の障害を持っていることが珍しくありません。会社の対応としては、Aさんの業務遂行能力を高く評価している一方で、周囲との関係性が良くない点を危惧していることを正直に伝え、Aさん自身に自分のコミュニケーションの問題を見直してもらうことが大切です。自分の問題点に気がつき、周囲との関係を良くするための努力ができるのであれば、Aさんが関心を持っている法務系の仕事に再チャレンジしてもらうことでモチベーションを高める（＝業務上のストレスを軽減する）のも一案かもしれません。

一方で第1章でも述べたように、現代型うつ病の従業員に対しては「配慮すべきことは配慮し、言うべきことは言う」という対応が必要です。過去に部下を退職に追い込むようなマネジメントをしてしまったAさんに、いきなり部下をつけてもうまくいくとは思えず、むしろ二次被害が起こりかねません（仮にAさんの部下への対応がパワハラに該当する場合は、会社も法的責任を免れることができません）。会社としてAさんのマネジメント能力に不安を感じていることも正直に伝えて改善を促した上で、まずは部下を持たない状況で周囲と適切なコミュニケーションが取れるか確認することが先決でしょう。

●厳しい対応をする際の注意点

最後に、メンタルヘルス不調を抱えている従業員に対して厳しい対応を検討する際の注意点を確認しましょう。まず大前提として、「病気を持つ従業員に配慮する」ことと「問題行動があった従業員を処分する」ことや「業務のアウトプットが低いことを理由に業務評価を下げる」ことは、矛盾するものではありません。

メンタルヘルス不調ではありませんが、例えば「睡眠時無呼吸症候群の従業員が居眠り運転で人身事故を起こした」といったケースでは、残業や運転業務を制限するなどの就業上の配慮をしつつ、人身事故を起こしたことについては処分する、ということは当然あり得ます。また病気を理由に厳しい対応を避けることは、「病気である方が得である」という状況を作ることで従業員に対して体調不良を長引かせるインセンティブを与えてしまいます。原則として医学的評価と労務評価は切り分けて考えるようにしてください。

ただし本件のように、メンタルヘルス不調の一因が会社の労務管理の不備（長時間労働やハラスメント問題など）にあった場合には、それがどの程度影響しているかも慎重に考慮するべきです。たとえば「長時間残業が続いていることが理由で大きなミスをしてしまった」ということであれば、従業員を責めるのは筋違いというものでしょう。

最後に、厳しい話をする際には伝え方にも気をつけてください。人事労務担当者が感情的な話し方をすると、お互いがヒートアップして問題がこじれてしまうことが少なくありません。自分の感情を交えず、「なぜ厳しい評価なのか」「なぜ懲戒処分するのか」という点について、具体的事実に基づき冷静に会社の考えを伝えることが大切です。また「どうすれば評価が高まるのか」「懲戒処分を回避するためにはどうすればいいか」といった点についても一緒に話し合うことで、本人の改善意欲を高める動機付けにつなげましょう。

実際の経過

まずAさんと上司に対して労働時間管理の重要性を説明し、体調が回復するまでは残業を禁止しました。またAさんが自ら就業時間を厳格に管理するのは難しいと考え、上司が毎日面接して業務量や業務時間の管理を行うことにしました。

次に、過去に部下との関係でトラブルが続いたことを確認し、現時点ではAさんの希望通りに部下をつけることはできないことを伝えました。一方で会社がAさんの能力を高く評価していることも併せて説明し、「どうすれば良い形で仕事が続けられるか」についてAさん自身にも考えてもらいました。Aさんから「同じ仕事をしている人を見ると、仕事の遅さが気になってイライラしてしまう」との発言があったため、当分の間は一人だけで進めていける業務を割り振ることになりました。そして今の業務をトラブルなく続けることができれば、将来的にはAさんの希望する法務部への異動も検討することを伝えました。

同僚に対する暴言については、長時間労働に関連した抑うつ症状（イライラ感）が影響している可能性を考慮し、今回は懲戒処分とせず上司からの注意に留めました。一方で会社として過去の経緯を問題視していること、今後も続く場合は懲戒処分とすることをAさんに伝えて再発防止を促しました。

その後3ヶ月ほど経過を見たところ、Aさんの体調は徐々に改善し表情も明るくなってきました。以前よりも業務効率が上がり、時々仕事の不満を言うことがあるものの、同僚とも大きなトラブルなく勤務を続けています。

本ケースから学ぶべきこと

トラブルが多い従業員に対しては会社や人事労務担当者も感情的になりやすいですが、感情的な対応はさらに状況を悪化させることにつながります。事実に基づいて「会社としてはできる限りの配慮をするが、あなたも改善すべき点を直してほしい」という形で冷静に話し合い、業務時間や処分の有無に関する枠組みを設定することができれば、本人も安心して就労できるようになることが期待できます。

なお長時間労働をきっかけに抑うつ症状が出現・悪化した場合、労災などさらに大きな問題につながる可能性があります。本件のように、本人の性格傾向が大きく影響しているように見えても長時間労働が体調不良に先行している場合は、会社の責任問題になる場合が少なくありません。従業員の健康維持に加え、労務コンプライアンスやトラブル防止の観点からも就業時間の適正管理に努めてください。

ケース2　長期休職後の復職で病状が再燃したBさんの事例

Bさん（45歳男性）は大手商社（従業員数5，000人）の総務部所属で、新卒入社以来長くキャリアを積んでいました。しかし、2年前に関西に異動した折、上司との人間関係ストレスをきっかけに「抑うつ状態」の診断で4ヶ月病欠しました（明らかな長時間残業やハラスメントなどの問題はありませんでした）。その後、以前の職場である東京本社で復職しましたが、1ヶ月も経たずに遅刻や欠勤が増え、再休職となってしまいました。残業はほとんどなく、再休職のきっかけはBさんにもよくわかりませんでした。

その後は復職せず1年以上自宅療養を続けていましたが、休職期限満了の3ヶ月前にBさんから復職の意思表示があり、復職可能との診断書も提出されました。上司が面接を行ったところ、睡眠リズムの乱れや疲労感が持続しており復職は難しいようにも思われましたが、休職期限が迫っていることと、Bさんの復職意欲が強いことを考慮し、「再々休職の場合は進退を考える」旨の誓約書を取った上で復職を認める方針となりました。

Bさんの同期が部長を務める企画部から声がかかり、異動の上で復帰しましたが、今回も復職直後から体調が悪くなってしまいました。現在再復職してから1ヶ月経過していますが、出勤率が5割程度に落ち込んでいます。

Bさんの主張

朝に頭痛がしたり身体がだるくて起きられないことが多く、どうしても欠勤が増えてしまいます。体調のいい時は働けますし、なんとか仕事を続けたいです。周囲のサポートは良好で家族関係もストレスなく、体調不良の原因はよくわかりません。内科的な問題も疑い、近所のクリニックで色々検査しています。そのクリニックから「仕事を続けることは可能である」旨の診断書をもらってきました。

人事労務担当者の懸念

Bさんの上司は積極的にサポートしているようですが、勤怠が悪すぎて仕事を任せることができていません。休職可能期間はあまり残っていませんが、とりあえず再々休職してもらい、体調改善が期待できないなら誓約書の通り進退を考えてもらう必要もあると考えています。一方で本人は休職するつもりはない様子で、最近提出された精神科の主治医以外が作成した診断書をどう取り扱うべきか困っています。

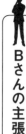

本ケースの問題点

Bさんは慢性的な抑うつ症状や体調不良で長期欠勤や勤怠不良を繰り返しています。当初は明確なストレス要因（元上司との関係）があったようですが、1回目の復職以後は大きなストレスがかかっていない状況であるにもかかわらず体調が悪化しており、どうすればいいか本人も周囲も困っています。

残念なことですが、うつ病で休職歴のある労働者は、復職後5年以内に約半数が再休職する、というデータがあります。長時間労働やハラスメントなどの大きな問題がなくても、「(以前体調を崩した環境である)会社に毎日来て一定の仕事をする」ということは、メンタルヘルス不調の既往がある人たちにとって簡単なことではありません。仕事を続けていくうちに徐々に心のエネルギーが低下して、本件のように明確な理由なしに体調に波が出てしまうことは珍しくないのです。

このような場合、会社としてはどのように対処すればいいでしょうか。従業員の健康をサポートすることが大切であるのは当然だとしても、十分にアウトプットが出ていない従業員を就業させ続ける義務はあるのでしょうか。また、明らかに体調が良くない従業員を働かせることが安全配慮義務の観点から会社として許容できるのか、という問題もありそうです。さらに会社は復職時に誓約書（念書）を取っていますが、これにはどのような意味があるのでしょうか。

最後に、メンタルヘルス不調は頭痛や倦怠感などの不定愁訴が現れやすいため、同じ病気に対して複数の医療機関を受診する、ということが珍しくありません。複数の主治医がいる場合、会社としてどのような対応が望ましいかも考えてみましょう。

本ケースの考え方

●労務管理の不備がなかったか確認する

メンタルヘルス不調の従業員への対応を考える際には、まず病気の発症や経過に不適切な業務上のストレス（具体的にはパワハラや長時間労働など）が関わっていないか調べる必要があります。仮に不適切な労務上の問題が見つかった場合には、病気の一因が会社にあることになるため、法的・倫理的な観点から手厚いサポートを可能な限り継続する道義的責任があるでしょう。

●一貫したメリハリのある対応を心がける

仕事の上で、ある程度のストレスがあったにせよ、会社が責任を負うほどではないなら、原則通り「配慮すべきことは配慮し、言うべきことは言う」という姿勢が大切になります。本件では勤怠不良をどの程度許容するか、という点が問題となりますが、一般論としては、毎日出社できるか分からない人に責任ある仕事を任せるのは困難です。もちろん1日も休んではいけないということではありませんが、最低限でも8〜9割程度の出社率を保てないと、十分な労務の提供ができる体調を維持しているとは言えないでしょう。

Bさんは勤怠が非常に悪く十分な就労ができていないため、メンタルヘルス不調が就労可能な程度に改善していないことは明らかです。よって会社から再度の休職を勧めることは問題ありません。この点、休職可能期間がほとんど残っていない場合には「休職勧奨≒退職勧奨」になってしまうことは事実であり、強く休職を勧めにくい状況もあり得ます。しかし就労の可否は、あくまで仕事ができる体調かどうか、という点のみで判断すべきです。これまで仕事を続けてもらうために十分な配慮をしてきたのであれば、厳しい状況であっても会社の判断をしっかり本人に伝えることが望ましいと思われます。

なお、本人の体調に合わせて休職可能期間を延長する、などの特別扱いは不公平な対応につながるため、できる限り避けるべきです。仮に会社の休職可能期間が短すぎると判断するのであれば、就業規則自体の変更を検討しましょう。

最後に、体調が良くないにもかかわらず本人が休職を拒否する事例では「通勤中に倒れて救急搬送された」「営業で運転中に事故を起こした」などのトラブルが生じる場合があります。このようなケースでは、労務の提供の可否以前の問題として、従業員に対する安全配慮義務の観点から就労を禁止しなくてはならない場合があることも覚えておいてください。

●誓約書の役割

本件で人事部が取ったような誓約書（念書）には、法的な効力はありません。しかし話し合った内容を記録することで、言った言わないのトラブルになるリスクを減らすことができます。一般論として復職直前の時期は復職意欲が高く、メンタルヘルス不調者の体調が一番落ち着いているタイミングです。仕事を続けていくうちに、体調が不安定になって必要な話ができなくなることがあるため、復帰時点で話しにくいことも含めてしっかり伝え、同時に記録を残しておくことが大切です。その意味では、本件で復職時に誓約書を取得していることは概ね適切な対応であったといえます。ただし、「一度でも休んだら自己都合退職とする」など、極端に従業員の権利を害する内容の誓約書は、それを取得すること自体が不適切であり、ハラスメントにも該当し得る点は注意してください。

●診断書の取り扱い

最後に、複数の主治医が休復職にかかわる場合の対応も考えてみましょう。原則としてはどの主治医が作成した診断書でも有効ですが、明らかにメンタルヘルス不調で休んだにもかかわらず、胃腸炎などの病名で内科医が作成した診断書を提出してくる従業員が少なからずいます。また、傷病手当金は同じ病名だと最長1年半までしか支給されないため、さらに長く保障を得ようとして途中で診断名を変えるケースも散見します。診断書を受け取る際には診断名や医療機関名を確認し、違和感があれば本人にしっかり確認しましょう。納得がいかない場合は、上司や人事労務担当者が診断書を作成した主治医の外来に従業員と一緒に行き、診断に至った経緯を確認してみるのも有用です。

また、コラム①（34頁）でも説明した通り、就業の可否を最終的に判断するのは、主治医ではなく会社です。よって主治医から就業可能との診断書が出ていても、出勤率が非常に悪いなど明らかな労務上の問題がある場合には、会社が休職を命じることも可能です。ただし主治医の意見と会社の判断が違うと後々トラブルになりやすいため、医学的判断に基づかない休職発令はできるだけ避けるようにしましょう。

実際の経過

まず過去の就労状況をBさんと一緒に確認し、他の従業員と比べて非常に出社率が低いという事実認識を共有しました。その上で「不十分な出社しかできない現状では、従業員としての労務提供の義務が果たせていないし、安全配慮義務の観点からも就業を継続させることは許可できない」ことを人事部長から伝えました。

しかしBさんが勤務継続を強く希望したため、人事労務担当者も同席の上で精神科の外来を受診して就労の可否について相談したところ、精神科主治医も現状では就労は難しいのではないか、との意見でした。ただし休職可能期間がまだ2ヶ月ほど残っていたため、一旦再々休職した上でリワークを行い、もう一度だけ職場復帰にチャレンジすることになりました。Bさんはリワークプログラムを完遂し、軽減勤務など職場のサポートも受けて無事復職に成功しました。その後は時々遅刻する日はありますが、概ね落ち着いた体調で就労を継続しています。

本ケースから学ぶべきこと

メンタルヘルス不調は非常に再発リスクが高く、強いストレスがなくても体調不良を繰り返すことが稀ではありません。体調が悪化した原因がはっきりしないことで本件のように対応に苦慮する場合もありますが、休職可能期間を伸ばしたり不安定な就労を黙認したりといった例外的な取り扱いをすることは、問題の先延ばしにしかなりません。退職まで検討せざるを得ないような時期は、最もトラブルが起こりやすいタイミングです。就労継続のために十分なサポートをする一方、会社が配慮できる限度についても繰り返し説明し、本人や主治医、場合によっては家族といった関係者と相談しながら最善の対応を考えるようにしてください。

ケース3

極端に気分の波が大きいCさんの事例

Cさんは従業員数８００人の企業で研究補助職に就く勤続8年の36歳女性です。一見すると明るく活発な印象で、上司との関係や仕事の評価は良好です。しかし、気に入らない相手に対しては攻撃的な言動をしてしまうことが多く、過去に何度か年下の同僚をいじめて退職に追い込んでしまったことがありました。

3年ほど前から、特にきっかけなく年に2、3回体調を崩し、1週間程度欠勤することがありました。また1年ほど前から、「早朝5時に出社する」「終電まで残業を続ける」「頻繁に遅刻や早退を繰り返す」といった勤怠の不安定さが目につくようになりましたが、上司が心配しても「大丈夫です」の一点張りでした。さらに1ヶ月前からは「深夜2時ごろに研究室のメーリングリストに長文のメールを送る」「会議中に人の話を聞かずにしゃべり続ける」といった行動がみられるようになり、明らかにおかしい状況でしたが、職場の同僚はCさんに攻撃されるのを恐れて遠巻きに見ていました。

そして2週間前、Cさんが早朝5時に出社しようとしたところ、ちょうどその日はドアが閉まっていて会社に入ることができませんでした。腹を立てたCさんは、足元にあった石を投げつけて自動ドアを割って中に入ろうとし、警備員に取り押さえられてしまいました。

Cさんの主張

怒りに任せてドアを割ってしまったのは申し訳ないと思いますが、今後は早めに出社する人のことも考えて対応を検討してもらいたいと思います。最近少しテンションが高いかもしれませんが、昔から気分の波は大きい方でした。今は体調が良く大丈夫です。上司からは同じ問題を繰り返すことなく、しっかり仕事を続けるように言われています。

人事労務担当者の懸念

早朝にドアを壊して会社に侵入しようとするのは、明らかに異常な行為だと思います。本人は自覚していませんが、何らかの精神疾患を持っているのではないかと疑っています。それに気に入らない相手を何人も辞めさせていて、以前から職場に悪影響を与えているようにも見えます。一方で上司のマネジメントにも問題があり、Cさんの問題行動に対してほとんど注意や指導をしないまま放置していたようです。上司が厳しい指導をしない中でCさんに対してどのように対処すべきか悩んでいます。

本ケースの問題点

従業員が普段では考えもつかないような問題を突然起こした場合、背後に双極性障害（躁うつ病）

が隠れていることがあります。双極性障害は気分の波が大きくなる病気ですが、抑うつ症状は自覚しやすい一方、躁症状（気分が上がりすぎる状態）は病気としての認識に欠ける場合が多いことが特徴です（49頁を参照）。その結果、躁状態の時に大きなトラブルを引き起こし、その後の就労に大きな支障が出ることがあります。筆者は本件のように器物損壊行為にまで及んでしまったケースだけではなく、「おとなしい中年の男性社員が、突然無断欠勤して世界一周旅行に行ってしまった」「若手社員が数百万円もブランド品を買って自己破産してしまった」といった驚くべき事例も経験したことがあります。こういった気分の波が極端に大きい従業員に対し、会社としてはどのような対応をすればいいでしょうか。

さらに病気が原因であるとしても、会社のドアを壊すことは立派な犯罪（器物損壊罪）に該当します。その場合、本人の同意なく家族に連絡したり、医療機関を受診させることはできるでしょうか。また、処分の可否についても検討する必要がありそうです。

最後に、本ケースでは上司のマネジメントにも少々問題があるようです。メンタルヘルス不調に対する対応とは少し異なりますが、こういった問題への対処法も考えてみましょう。

本ケースの考え方

●「安定した就労」を目標に置く

躁うつ病であっても比較的軽症例の場合は、病識（「自分が病気である」という認識）を持っていることが少なくありません。そういったケースでは会社が体調を心配していること、大きな仕事のトラブルにつながる前に医療機関に相談してほしいことなどを伝えれば、本人も納得する形で治療につなげることができるでしょう。

一方で本件のように全く病識がない場合はどうでしょうか。こういったケースで「病気の有無」を争っても水掛け論に終わってしまいます。考え方を変えて、「病気かどうか」ではなく「問題なく就労できるか」といった視点で話し合うと、意外とスムーズな意思疎通ができるようになることがあります。

本件で言えば、ドアを割ったことはCさんも悪いと思っていますし、同僚との人間関係の問題もCさんなりに悩んでいる可能性があります。また気分の波があることは自覚しているので、そこを切り口にしてもよいかもしれません。今後も安定して仕事を続ける上でどうすればいいか、という点を話し合うのであれば、本人も納得して議論できるところがあるでしょう。

●家族への連絡の可否

気分が不安定な時期は職場の外でもトラブルが起こりやすいですし、医療機関につなげるためにも、できれば家族と連携を取りたいところです。しかし健康状態に関する情報は個人情報保護法で保護される重要な個人情報であり、原則としては家族に対しても従業員本人に無断で伝えることは許容されません。しかし同法には例外規定があり、心身の危険が想定される場合には情報保護よりも危険防止を優先してよいとされています。この点、Cさんを放置しておくとさらに問題行動がエスカレートしたり、病気が悪化するリスクがありそうです。それを考慮すれば、本件では同意がなくても家族に連絡し、医療機関の受診を勧めてもらうなどの対応を促すことは可能でしょう。

●医療につなげるための工夫

それでも医療機関受診についてCさんが同意しなかった場合、会社としては何ができるでしょうか。本人の同意なく精神医療ができる制度としては、「医療保護入院」と「措置入院」という制度があります。いずれも自傷他害のおそれが強い場合に、本人や周囲の安全を守るために強制的に入院させ、治療を受けてもらう制度です。医療保護入院は家族の同意も要件になるのに対し、措置入院は複数の精神科医の判断により家族の同意がなくても入院させることができる点が異なります。ただ、これらの制度は患者さんの人権侵害につながる可能性が高いため、「自傷他害のおそれ」の有無は厳格に判断されます。本件のようにドアを壊したくらいでは強制入院させるほどではないと評価されることがほとんどであり、家族の同意があっても強制的な治療は難しいと思われます。結論として、Cさんを現時点で強制的に医療機関につなげる方法はありません。

そのため会社としては、従業員が自主的に医療機関を受診するための働きかけを継続することが大切です。「体調の問題がないか心配している」ことを伝えたり、「次に問題行動を起こした場合は医療機関を受診してもらう」と約束するなど、治療につなげる方向づけを粘り強く続けましょう。

●器物損壊行為への対処

双極性障害による気分の波が影響しているとはいえ、Cさんは故意に会社のドアを壊しています。これは刑法犯罪の器物損壊罪に該当する行為ですが、併せて会社への賠償や懲戒処分の是非も検討する必要があります。

まず器物損壊罪は親告罪ですので、会社が告訴しない限り刑法犯として処罰されることはありません。本件はそこまで悪質性が高いとはいえず、警察沙汰にする必要はないでしょう。一方で再発予防のインセンティブを強めるためにも、修理費用などの損害賠償は請求すべきです。懲戒処分の是非については難しい判断ですが、病気の影響が大きいことや初回であることを考慮すれば、今回は処分せずに厳重注意に留めるのが妥当かと思います。

●マネジメントの問題点を修正する

本ケースのように、慢性的なメンタルヘルス不調を有する従業員に対して上司が必要な指導をせずに就業上の問題を放置し、最終的にトラブルを大きくする場合があります。特別扱いが続くとメンタルヘルス不調者自身が病気の自覚を持ちにくくなるだけではなく、職場の雰囲気が悪くなって周囲のサポートが受けにくくなります。そのような状況が疑われた場合には、上司に対しても適切なマネジメントをするよう指導を行うことが望ましいです。

実際の経過

まずどんな理由があっても会社の備品を壊すことは許容できないことを伝え、ドアの修理費用を請求した上で厳重注意としました。メンタルヘルス不調の可能性を考慮して、重い懲戒処分は見送っています。その上で産業医面接を行い、気分の波が大きすぎることについて確認し、今後の就労をスムーズにするためにも一度専門医に相談してみるように伝えました。Cさんはなかなか同意しませんでしたが、自主的に受診しない場合には家族にも今回の経緯を連絡すること、さらにドアを壊した行為について追加の処分を検討することを伝えたところ、最終的には近所のメンタルクリニックを受診しました。

診察の結果、予想通り双極性障害疑いの診断がつき、気分調整薬による治療が開始されました。薬物治療により以前よりも気分の波が落ち着き、本人が楽になっただけではなく職場の人間関係ストレスも大きく改善しました。また上司に対しては産業医から双極性障害の特徴について説明するとともに、過剰なサポートはかえって問題を大きくしてしまうことを伝え、不適切な行動があった場合は人事と情報共有した上でしっかり注意すること、気分の波が大きくなった場合には早めに本人に注意を促すことなどを依頼しました。

本ケースから学ぶべきこと

産業医として従業員と面接していると、「メンタルヘルス不調＝うつ病」という認識を持っている人が非常に多いことに驚かされます。近年うつ病に対する認識が広がったのは喜ばしいことですが、その結果抑うつ症状以外の症状がトラブルの原因となるメンタルヘルス不調が見逃されやすくなった印象も受けます。躁うつ病の躁状態や統合失調症の妄想症状などは、抑うつ症状以上に職場で大きな問題を引き起こすことが稀ではありません。従業員の立ち振る舞いに何か違和感を感じた時には、症状の種類にかかわらずメンタルヘルス不調のリスクを念頭に置いて対応を考えるようにしてください。

ケース4　妄想症状を訴えるDさんの事例

Dさんは従業員数５００人の学習塾経営企業の人事部に所属する45歳女性です。衛生管理者資格を持っていて、主に従業員の福利厚生に関する業務を行っています。おとなしい雰囲気で自分から周囲に話しかけることはなく、特別に仲がいい同僚はいませんが、大きな問題なく10年以上業務を続けてきました。

1～2ヶ月ほど前から業務中に辛そうな表情を浮かべたり席を外すことが多くなったため、上司である人事部長がDさんに体調を確認しました。すると「数年前から生徒に悪口を言われたり、盗聴機が仕掛けられていることに悩んでいます」との訴えが出てきました。

人事部長は「それは思い違いではないか」と伝えましたが、Dさんは納得しませんでした。夫にも会社に来てもらって状況を確認したところ、夫から「数年前から盗聴についての相談を受けています。にわかに信じづらいのですが、ここまで言う以上は本当なのかもしれません。会社としてできるだけのサポートをしてください」との要望がありました。

Dさんの主張

数年前から事務所のドアの外から私の悪口を言われることがあります。聞き覚えのない声なので、多分塾に通っている生徒の誰かだと思います。ただ、仕事内容や自分の誕生日など、生徒が知るはずのないことも話してくるので、どこかに盗聴器が仕掛けられているに違いありません。自分なりに探していますが、今のところ見つけられていません。盗聴器や加害生徒に対し、会社として適切な調査・対応をしてほしいと思います。

人事労務担当者の懸念

真面目な社員であり嘘をつくとは思っていませんが、生徒が事務員の悪口を言ったり盗聴器を仕掛けるなんてことはあり得ません。同僚にも確認しましたが、誰一人そんな場面に遭遇した人はいませんでした。普通なら自分の発言が明らかにおかしいことは分かるはずであり、精神的な病気ではないかと気になっています。塾としては顧客である生徒に対して何か害することをしないか心配です。できれば妄想症状が落ち着くまで休んでもらいたいと思っています。

本ケースの問題点

妄想や幻聴を主症状とする精神疾患としては、統合失調症がよく知られています。統合失調症は若年者に発症しやすく、陽性症状と呼ばれる妄想や幻聴に加えて、陰性症状と呼ばれる抑うつや精神活動の低下といった症状も認めるため、周囲の人が比較的早めに気が付くケースが多いです。

一方で、日常生活には支障がないにもかかわらず、修正不可能な幻聴や妄想だけが出現する精神疾患のことを妄想性障害と呼びます。軽症の妄想性障害を有している従業員は仕事が普通にこなせるにもかかわらず、何年も経ってから突然驚くような内容の訴えが出てきて周囲を困惑させることがあります。妄想性障害では特定の妄想を持っていること以外は全く正常であることも多く、そのせいでかえって問題が大きくなる場合があります。

本件では学習塾の顧客である生徒から盗聴されている、という妄想が認められますが、これを放置すると生徒とトラブルを起こすなど大きな問題につながりかねません。一方で本人や家族は妄想だと思っていませんので、何らかの対処を求めています。このような場合にどうすればいいか考えてみましょう。

本ケースの考え方

●妄想の真偽は争わない

まず、「妄想とは修正不可能な思い込みである」ということを理解しましょう。妄想について「そんなことあるわけがない」「あなたの考えが間違えている」と頭ごなしに否定しても、従業員の会社への不信感が募るだけで解決にはつながりません。一方で、過剰に寄り添う発言をすると、「やはり自分の考えは正しかったんだ」と妄想を強化してしまう可能性があります。また医療機関への受診を勧めても、病識がないため受診を拒否することが少なくありません。

こういったケースでは妄想の真偽について争うのではなく、冷静に次の点について確認および説明することからスタートしましょう。

- 従業員を守るのは会社の義務であり、仮に盗聴が真実であれば厳正に対処する
- 一方で生徒が事務職員を盗聴する理由がなく、一般的には事実とは考えにくい
- あなたの発言を信用しないわけではないが、明確な証拠なしに生徒を疑うことはできない

妄想性障害の患者さんは修正不能な妄想を持っている半面、判断能力は適切に保たれているケースが多いため、きちんと説明すれば渋々ながらでも会社がすぐに本人の希望する対応ができないことを納得してもらえることが多いです。

●一緒に解決策を考える

その上で、解決策を一方的に会社が提案するのではなく、本人にも一緒に考えてもらいましょう。会社が主体的に動いてしまうと「本当は盗聴器が仕掛けられていたのに会社が隠しているのではないか」などとさらに不信感が高まることがあります。まず本人が考えている解決策を提案してもらい、それが対応可能であるか一緒に考えるようにしてみましょう。妄想については肯定も否定もせず、辛く感じていることに対して共感の姿勢を示しながら、関係者全員でより良い対応を考えることが大切です。

実際の経過

まずは前述の通りDさんに解決策を提案してもらうようにしたところ、学習塾の各所に監視カメラを設置し、生徒を監視することを希望しました。これに対し、その案は予算の関係や生徒との信頼関係を保つために対応が難しいことを説明しました。その上で本人、家族、会社で相談し、次のような対応を始めることとしました。

- 塾講師に聞き取り調査を行い、Dさんの悪口を言っている生徒がいなかったか確認する
- Dさんの席替えをして、事務所のドアから遠い席に移動してもらう
- ボイスレコーダーの持ち込みを許可し、もし実際に悪口が録音できたら報告してもらう
- ただし生徒や学習塾に迷惑をかけるような行為は厳禁とする
- 万一迷惑行為をした場合は厳正に対処する

想定通り、塾講師の中でDさんへの悪口を言っている生徒を見た人はいませんでした。また、ボイスレコーダーに悪口が録音されることもありませんでした（Dさんは「タイミングが合わなかった」と主張しています）。席替えをした後も「今度は壁の外から悪口を言われている」といった発言がありましたが、一般的に考えにくい状況であるうえ録音データもなかったため、会社としては特に対応しないことを伝えました。Dさんは十分納得しませんでしたが、会社が真摯に対応してくれたことには感謝しており、今まで通り問題なく働いています。夫にも経緯を説明したところ、ようやく精神疾患を疑うようになり、メンタルクリニックを受診させることを検討しているようです。

本ケースから学ぶべきこと

精神疾患であっても病識がないケースでは、ただちに医療機関につなげることが最適解であるとは限りません。大事なことは妄想の真偽や内容ではなく、本人や周囲の安全・健康を守りながら仕事を続けてもらえるかを判断し、お互いがある程度納得し得る解決策を探していくことです。

なお、今回は比較的軽い妄想性障害のケースを取り上げましたが、もっとひどい妄想を持ち、実際に自傷他害に至ってしまう従業員も時々見受けられます。たとえば、「同僚が自分の悪口を触れ回っている」という妄想を持った従業員が、突然仕事中にその同僚の頭を殴った、という事例の相談を受けたこともあります。そのように患者さん本人や周囲の安全を確保できない状況の場合は、速やかに出社禁止を指示した上で家族にも連絡し、早急に医療機関に連れていくことが必要になります。会社が安全配慮義務を負うのはメンタルヘルス不調者だけではなく、同僚や取引先などの第三者に対しても同様です。危険な状況が疑われた場合は絶対に放置してはいけないことも、併せて覚えておいてください。

ケース5　パニック障害により通勤が困難なEさんの事例

Eさんは従業員数150人のIT企業の総務部所属の25歳女性で、通勤に片道2時間ほどかかります。1年前に朝の通勤途中に電車内で倒れたことがありましたが、明らかな原因が見つからず、「立ちくらみ」と診断されています。

半年前から定時出社できない日が多くなり、本人の希望で遅刻した日はフレックス扱いとしていました。しかし3ヶ月前からフレックスのコアタイムである午前11時にも遅刻する日が増え、さらに仕事の遅れを取り戻すため深夜まで残業するようになりました。上司が遅刻や残業について注意したところ、「パニック障害で治療中である。定時通勤が困難であり、勤務時間帯調整が望ましい」との診断書が提出されました。

Eさんの主張

1年前から、満員電車に乗ると不安感や動悸を強く感じるようになりました。フレックス制度を利用して空いている時間帯に通勤していましたが、3ヶ月前からそれも難しくなり医療機関を受診しました。現在はパニック障害の診断を受けて、薬を飲んでいます。体調不良のきっかけは思い当たりません。今でも定時出社が難しく、仕事をこなすためには残業せざるを得ません。退社が22時を過ぎると電車が空いてくるので、その点からも深夜残業を許可してもらえると通勤しやすくて助かります。

人事労務担当者の懸念

当社のフレックス制度は営業社員が利用することを想定しており、総務部で利用しているのはEさんだけです。フレックスの利用を禁止しているわけではありませんが、総務部は朝から急ぎの仕事が入ることが多いため対応に苦慮しています。この状態が続くと、職場の同僚の不満が高まり、Eさんの立場が悪くならないか心配です。

また全社を挙げて残業削減を目指している中で、「遅刻してきた従業員が遅くまで仕事をしている」という状況は適切ではありません。体調不良の問題で定時出社ができないのであれば、むしろ残業をせずに早めに帰り、体調回復に努めるべきだと思います。

本ケースの問題点

パニック障害は「パニック発作」「予期不安」「広場恐怖」を特徴とするメンタルヘルス不調であり、特に若い女性に好発します（パニック障害については54頁を参照）。パニック発作の予防にはSSRIなどの抗うつ薬や抗不安薬がよく効きますが、満員電車や狭い会議室などの閉塞環境に対する苦手意識（広場恐怖症状）はなかなか改善しないことがあります。Eさんも、適切な診断・

治療を受けているにもかかわらず広場恐怖症状が残存しており、定時出社ができていません。それでも業務に支障がなければよいのですが、総務の仕事に悪影響が生じているようです。

Eさんは体調不良を理由にフレックス制度などによる配慮を希望していますが、会社はどのように対応すべきでしょうか。また制度の範囲を超えた遅刻や残業についてはどうでしょうか。

本ケースの考え方

●継続可能なサポートを検討する

他の事例と同様ですが、まずは会社としては「長期的に継続可能なサポートは何か」という点を検討する必要があります。本件で言えば、「総務部の仕事に支障が出ているにもかかわらず、体調不良を理由にフレックス制度の利用を中長期的に認めるべきか」ということになります。

まず会社の就業規則などを確認し、フレックス制度の位置付けを確認しましょう。仮にフレックス制度の利用に何ら制限がないのであれば、Eさんの希望通りに利用を認めるべきでしょう。しかし、一般的な会社では「業務の必要性」や「上司の同意」がフレックス制度利用の条件になっている場合が多いかと思います。その場合は制度利用の可否は会社側が判断すべきことであり、たとえ主治医からの診断書があったとしても特別扱いするのは一概に正しい対応とはいえません。もちろん仕事に支障がないなら、できる限り働きやすい就業環境を認めるべきですが、フレックスが業務に悪影響を与えるのであれば、利用を制限することも考えなくてはならないでしょう。あるいはフレックスを利用しても問題ない部署に異動させるのも一案かもしれません。

●問題意識を共有する

ただ、Eさんは自分の勤怠不良が業務に悪影響をきたしているという認識が乏しいようですので、単にフレックスの利用禁止や異動を提案するだけでは強い不満を感じてしまうでしょう。無用なトラブルを避けるためにも、会社が実際に何を問題と感じているのか、本人と上司がよく話し合うことが必要です。業務のどこに問題が生じているのか意識の共有ができれば、フレックスを利用しても業務に悪影響が出ない仕事を担当してもらったり、自宅により近い支社などに配置転換する、といった解決策が見えてくるかもしれません。病気の症状を一番理解しているのは本人ですので、解決策を考える際にはEさん自身に対策を提案してもらうのも有用でしょう。

●不適切な就労を黙認しない

フレックスを利用した勤務を続ける場合でも、その範囲を超えた遅刻があるなら問題です。フレックス制度は「勤務時間帯を調整できる制度」であり、「遅刻を容認する制度」ではありません。就労を継続する以上は、決められた時間に出社することが大原則ですので、勤怠の改善を促しましょう。勤怠不良を放置していると、「体調が悪いのだから遅刻しても許してもらえる」と本人が誤解してしまう場合があります。勤怠不良で業務に支障が出ている時は、そのことをしっかり伝え、繰り返す場合には、体調が回復するまで休職するように勧奨することも検討すべきです。

●残業をしっかり管理する

最後に残業の是非ですが、メンタルヘルス不調を理由に何らかの就業上の配慮を行っている従業員に対して無制限に残業を認めることは、本人の健康を害するだけではなく、周囲の従業員が不満を感じて職場の雰囲気が悪くなったり、職場が適切なサポートを提供しにくくなるリスクがあります。残業が生じないように業務量を調整した上で、残業時間を多くても1日1～2時間程度に制限し、ノー残業デーなどもしっかり守らせましょう。従業員が残業制限に強く反発することもありますが、そういった場合も「残業制限解除になることを体調回復のモチベーションにつなげてもらう」という視点を持ち、安易に体調不良者の残業を認めないように気をつけてください。

実際の経過

Eさんの勤怠不良により業務に支障が出ていることを上司から正直に伝え、総務部で仕事を続けるのであればフレックス制度は利用不可であり、定時出社する必要があることを確認しました。また残業についても、会社の方針として深夜残業を認めることはできないことを伝えました。

その上で、定時出社が難しい場合を考えて「別の部署に異動する」「体調が回復するまでしばらく休職する」といったオプションがあることを提案しEさんの意向を確認したところ、Eさんは総務の仕事を続けたい希望があり休職にも消極的でした。

他の方法についてEさん自身にも考えてきてもらうようにしたところ、「始業よりも1時間早めに出社すれば満員電車に乗らずに済む」という解決策が出てきました。試してみたところ予想以上にうまく続けることができ、勤怠が改善しただけではなく、職場の同僚との関係も良くなりました。

本ケースから学ぶべきこと

体調不良を理由とした遅刻や欠勤は強く注意しにくいこともあり、長い間放置されていることが珍しくありません。しかし会社の規則に違反した勤務状況を黙認することは、本人の治療意欲を妨げるだけではなく、周囲との人間関係を悪化させ、長期的に見て本人のためになりません。会社が懸念していることを正直に伝え、本人と一緒に適切な就労に向けた解決策を考える姿勢が大切です。

なお、病気による就業上の問題が通勤困難だけなら、在宅勤務制度を導入するという手もあります。ただし、会社に来る機会が減るせいで交通機関への苦手意識がより高まったり、時間管理がルーズになり長時間労働が生じる可能性もありますので、導入には健康な従業員よりも慎重な検討が必要である点は忘れないようにしてください。

ケース6　アルコール依存症が疑われるFさんの事例

従業員数300人のシステム開発会社に勤めるシステムエンジニアのFさんは50歳男性で、妻と二人暮らしです。10年ほど前から肝臓の検査値が非常に高く、多量飲酒（自己申告でウイスキー0・5本／日程度。休肝日なし）によるアルコール性肝炎と診断されていました。しかし本人に改善意欲がなく、医療機関も受診していませんでした。

5年前に管理職になりましたが「遅刻が多く時間が守れない」「朝から酒のにおいがすることがある」「部下を無理やり飲みに連れて行こうとする」などの問題行動が頻繁にありました。顧客からもクレームがあったため、約1年でマネジメントを外れて1人で作業をすることになりましたが、その後も仕事の能率が悪く遅刻が続いており、この半年の間に次のような問題が連続して発生しました。ただしFさんはいずれも飲酒との関連を否定しています。

- 出張先のホテルで夜間に転倒して左手を骨折し、労災で1週間病欠した。
- 「急性肝炎」の診断で突然1ヶ月欠勤した。
- 顧客対応で社用車を運転中に自損事故を起こした。

Fさんの主張

最近トラブルが続いてしまいましたが、お酒とは関係ありません。お酒は節度を持って楽しんでおり、週1回の休肝日を作るようにしています。飲む量も減らし、ウイスキーを1本空けるのに1週間かけています。体調良好なので通院はしていません。

人事労務担当者の懸念

Fさんは飲酒を否定しますが、今も朝から酒臭いことがあり、アルコール依存症を疑っています。大きなトラブルを起こしてからでは遅いので、早めに専門的治療を受けてもらいたいです。また遅刻が多かったり仕事の質が低いことについて、周囲の不満がたまっています。このままでは何らかの処分を検討する必要があると考えています。

本ケースの問題点

アルコール依存症については第1章（56頁）でも詳しく解説しましたが、本件のように様々な問題が起きるにもかかわらず、本人が飲酒との関連を否定する傾向が強く、対応に苦慮することが多い疾患です。酒臭さを感じても「昨晩飲みすぎただけです」などとごまかされ、「朝から飲酒しているようだが明確な証拠がない」という状況になりがちです。

アルコール依存症は健康に大きな悪影響を与えるだけではなく、労災事故の原因になったり飲酒運転による交通事故で第三者に怪我を負わせるなど、大変なトラブルの原因になることもあります。手遅れになる前にどう対処すればいいか考えてみましょう。

本ケースの考え方

●関係者間で事実関係を共有する

本人、家族、会社、主治医などの関係者が、「実際に飲酒をしているのか」「就労上の問題が飲酒に関連したものなのか」といった点について事実関係を共有することが、アルコール依存症対策の第一歩です。まずは「最近続いているトラブルにお酒の問題が関係しているのではないか心配している」ことを率直に伝え、本人の正直な気持ちを引き出すことが大切です。

また、γ-GTPという肝臓の検査値は飲酒との関連が強く、断酒すると速やかに検査値が改善することが知られています。このような客観的な指標を用いることで、より真実が見えやすくなります。たとえば健診結果で肝臓の値が非常に高く、肝臓に負担がかかるほど飲酒していることが疑われることを指摘すれば、観念して本当のことを話してくれるかもしれません。

●過去の検証と今後の対応を検討する

本人が過量飲酒を否定する場合は、家族に状況を確認します。しかし、家族を呼ぶことを拒否したり、一人暮らしの場合も珍しくありません。過量飲酒を否定し続けるケースでいつまでも本人を疑い続けることは、さらに態度が硬化してしまうことにつながるため望ましくありません（北風と太陽の話を思い出してみましょう）。よって次のステップとしては、過量飲酒していないと仮定した上で、以下の点について対応を検討しましょう。

- 過去の業務トラブルに対する対応
- 今後飲酒に関連したトラブルが発生した場合の対応
- 業務内容見直しの検討

仮にこれまでの業務トラブルに飲酒が関連していないとすれば、Fさんは「健康だがトラブルが多く仕事の結果が出ない従業員」として評価することになります。遅刻や交通事故などのトラブルが懲戒処分すべきものなら、しっかり処分をすることが、かえって本人の前向きな気持ちを引き出すことにつながる場合もあります。またアルコール依存症を疑っていることをしっかり伝え、「今後飲酒に関連した問題が発生した場合には、休職して治療に専念する」などの同意を得ておくことも再発予防に重要です。

最後に、アルコール依存症ではないと仮定するにしても、運転など危険を伴う業務があった場合にそれを許可するか否かは難しい問題です。人身事故を起こしてからでは遅いですし、確実に飲酒の問題がないとはっきりするまでは運転業務などは禁止するのが適切でしょう。

●アルコールチェッカーの扱い

最近ではアルコールチェッカーで簡単に飲酒の有無を確認できるため、運送業などで毎朝検査を行っている会社も少なくありません。しかしFさんだけに毎日検査するような対応は一種のハラスメントととらえられかねません。会社にとって重要なことは適切な労務管理であり、医学的にアルコール依存症かどうか調べることではありません。飲酒が重大事故につながる可能性がある業務の担当者以外では、アルコールチェッカーの使用は慎重にした方がよいでしょう。

実際の経過

人事や産業医が繰り返し飲酒の問題について確認しましたが、Fさんは飲酒による悪影響を頑なに否定しました。そのため今回はFさんの発言を尊重し、アルコールの問題はないものと判断することを約束しました。また交通事故についても処分せず、厳重注意のみとしました。一方で今後も勤怠不良が続いたり、飲酒関連のトラブルがあった場合には、専門医療機関を受診して治療に専念してもらうことを約束しました。

その後3ヶ月程度は比較的安定して業務を続けていましたが、ある日明らかに酔った状態で取引先の会議に出席してしまい、会社に強いクレームが入りました。さすがにFさんも飲酒を認めたため、約束通りアルコール依存症治療の専門医療機関を受診することになりました。そこでアルコール依存症の診断がつき、半年ほど休職して入院も含めた治療が行われました。家族の支えもあって

Fさんは断酒に成功し、その後は毎週外来と断酒会に通いつつ会社に復職しています。

なお復職に際しては取引先に迷惑行為を行ったことに対して懲戒処分を行うとともに、今後断酒に失敗して再度トラブルを起こした場合には（解雇も含めた）より厳しい処分をすることを書面で伝えています。

本ケースから学ぶべきこと

うまく断酒及び復職につながった事例を紹介しましたが、毎回順調に進むわけではありません。アルコール依存症は断酒に失敗したり再発することが非常に多く、筆者も産業医として、飲酒運転で事故を起こし解雇された従業員や、職場で吐血して急死してしまった従業員の事例を経験したことがあります。アルコールが原因で仕事や家庭を失ってしまうと、そのストレスからさらに飲酒量が増えるという悪循環に陥りがちであり、引き返せる段階で引き止めることが非常に重要です。

また明らかなアルコール依存症でなくても、酒席で気が大きくなって暴言を吐いたりセクハラをしてしまう従業員は少なからずいますが、これらの問題はアルコールハラスメントと呼ばれます。日本は比較的飲酒に寛容な社会ですが、飲酒運転や一気飲みによる死亡事故などもあり、近年は飲酒問題に対する社会の目が厳しくなっています。従業員の健康や働きやすい就業環境を守るために、飲酒問題を許容しない企業文化を作り上げていくことが大切です。

ケース7

脳卒中後遺症が問題となったGさんの事例

私立高校の数学教師であるGさんは55歳の男性です。2年前に自宅で倒れ、脳卒中と診断されました。軽度の右半身麻痺が残存したものの、リハビリにより日常生活は自立できるようになりました。復職意欲も強く発症半年後には一旦復職しました。

しかし生徒や保護者から「公式の説明があやふやで、何を伝えたいのか理解できない」「事前連絡なく突然授業を休むことがある」といった苦情が相次ぎました。またGさん自身から体調不良の訴えもあったため、復職後3ヶ月で再休職に入りました。

再休職からしばらくして復職希望の連絡がありました。人事労務担当者が面接をしたところ、挨拶程度の会話は問題ないものの、細かい話は十分に理解できていないように見えました。前回復職時に生徒から苦情があったことも考慮し「もう少し体調が落ち着いてからまた相談しましょう」と伝えて面接を終えましたが、Gさんは復職保留の判断に納得せず、「生徒指導も十分可能である」旨の診断書を提出し、強く復職許可を求めました。

Gさんの主張

日常生活は問題なくこなせており早く復職したいです。前回の復職で生徒に迷惑をかけたことは申し訳なく思いますが、今は大丈夫です。十分体調が回復しているにもかかわらず、病気を理由に復職させないのは極めて不当な対応で納得できません。

人事労務担当者の懸念

人事面接の印象では、前回復職時から大きく変化していないように見えます。同僚の教員も問題を繰り返すのではないかと懸念しています。一方で教員枠採用であり、復職にあたって一般事務作業などに異動させることはできません。Gさんの復帰したい気持ちは理解できますが、高校教師には生徒に対して十分な教育を提供する義務がありますので、問題なく授業ができることがはっきりするまでは復職を認められません。

本ケースの問題点

脳卒中とは脳梗塞やくも膜下出血など、脳の血管が詰まったり破れたりすることで脳細胞が障害される病気の総称です。軽度な脳卒中であれば後遺症なく回復することが珍しくない一方、障害された部位により様々な後遺症が残ることもあります。

よく見かける後遺症としては、半身不随（左右いずれかの筋肉が動かしにくくなる症状）や構音障害（ろれつが回りにくくなる症状）などがあります。このような後遺症は患者さんにとっては大問題ですが、本人に病気としての認識（病識）があることに加え、周囲も「働いてもらう上で何を配慮すればいいか」という点が判断しやすいため、就業環境の調整はそれほど難しくありません。

一方で復職にあたり問題となりやすいのが、高次脳機能障害といわれる認知機能（ものを考える力）が落ちてしまう後遺症です。高次脳機能障害の病状は多種多様ですが、「難しいことを考えるのが苦手になる」「物忘れがひどい」「時間にルーズになる」「気持ちのコントロールができない」といった症状が典型的です。認知機能の低下が軽度な場合は通常の日常生活に支障をきたさないため、本人や家族（場合によっては主治医も）が高次脳機能障害であることに気付かず、仕事を始めてから問題が明らかになることが稀ではありません。このようなケースで適切な対応をするための工夫を考えてみましょう。

なお、法的・手続き的な観点としては、「主治医が復職を許可しているにもかかわらず、会社の命令で休ませることができるか」という点も問題となります。仮に会社の職務命令として休業を命じるのであれば、「休業中の生活保障の要否」も問題となりますので、ここで併せて解説します。

本ケースの考え方

●労務的視点で対応する

病状の認識が従業員や主治医と会社とで異なるケースの対応では、医学的視点ではなく労務的視点で考えることが重要です。つまり「病気かどうか」ではなく、「十分な労務の提供が可能であるか」という基準で判断するということです。「病気か否か」という判断を会社がするのは難しく、主治医も患者さんの意向に沿った診断書を作成することが多いため、本ケースのように議論が平行線になってしまうことが少なくありません。一方で「労務の提供」についてはある程度客観的な評価が可能であり、労務水準が不足している労働者に対して労務の提供を禁止する（つまり休職させる）ことは、病気の有無にかかわらず法的に問題ありません。

まず「復職判断のポイントは自覚的な体調の改善ではなく、必要な業務がこなせるかどうかである」という点を確認し、会社（高校）として業務遂行能力に懸念を持っていることを伝えましょう。場合によっては人事労務担当者が主治医の外来に同席して会社の懸念を伝えるとともに、労務の提供が可能と判断した根拠を確認してもよいでしょう。それでも議論が平行線なら、模擬授業をさせてみるなど、お互いが納得できる形で就労の可否について判断する機会を作ってみましょう。

●休職に同意しない場合の対応

仮に労務の提供が難しい状態であると判断すれば、復職の可否を最終的に判断するのは会社の権限ですから、本人の意思や主治医の意見にかかわらず復職を認めないことも可能です。ただし、主治医から復職可能の診断書が出ている場合には「何を根拠に休職延長を命じるか」が問題となります。根拠が明確でないと、万一法的トラブルに発展した場合に会社が不利な立場になります。

また一般的に休職中の収入保障は傷病手当金が主になりますが、傷病手当金の申請には主治医の意見書が必要です。主治医が意見書を作成してくれないと、「会社が出した自宅待機命令による自宅療養」として会社が休業補償をしなくてよいのか、といった問題も生じる可能性があります。

以上のような問題を考えると、本人や主治医の考えに反して休職を延長するのは、法的には可能であるとしても、できる限り避けるべきでしょう。

実際の経過

産業医がGさんと面接したところ、認知症などの診断に用いる簡易認知機能検査では明らかな異常は認めませんでした。一方で、担当している生徒の名前を思い出せなかったり、専門であるはずの数学の問題が解けないなど、以前は持っていたはずの認知機能が障害されていることを疑わせる所見もありました。そのため産業医からも休職延長を提案しましたが「主治医は復職しても大丈夫だと言っている」との一点張りで、休職延長の同意は得られませんでした。

そのため、Gさんに同僚の教員を生徒役とした模擬授業を行ってもらい、教員たちに授業内容を評価してもらうことにしました。休職前には問題なくこなせたことでしたが、Gさんは公式がうまく説明できなかったり急に黙ってしまうことが多く、十分な結果が出せませんでした。十分に授業が行えなかったことを本人と確認し、それを理由に休職延長を命じることにしました。

また主治医が現状を十分把握していないと考えられたため、本人の同意の上で外来に人事部長が同席し、復職困難と判断した経緯を主治医に説明しました。これらの対応によりGさんは渋々ながら休職延長に同意し、主治医も診断書や傷病手当意見書を作成してくれることになりました。

本ケースから学ぶべきこと

生活習慣病などを原因とした脳心臓血管障害に罹患する労働者は少なくありません。一方で以前よりも治療成績が向上し、復職できる労働者が増えてきたため、２０１６年2月には厚生労働省から「事業場における治療と職業生活の両立支援のためのガイドライン」が公表されました。会社には同ガイドラインを参考にした適切な就業上の配慮が求められます。

しかし脳血管障害（脳卒中）に罹患した労働者には、本件のように目に見えない後遺障害が残存していることが稀ではありません。明らかな後遺症と言えなくても、頭の回転が遅くなったり気分の波が大きくなるといった症状は、少なからず見受けられます。特に本人の病識がはっきりしない場合はトラブルになりやすいため、産業医の助言も活用しながら病状をしっかりと確認し、客観的な事実に基づいて就業の可否を判断する必要があります。

なお、脳卒中の発症半年前以内に長時間労働があった場合は、労災の有無という別の問題が生じる可能性もあります。労働者に健康に働いてもらうと共に、労務トラブルを防ぐためにも、残業時間の管理は厳格に行うようにしてください。

ケース8

様々な身体症状で欠勤を繰り返すHさんの事例

不動産会社（従業員数250人）の人事部所属のHさんは入社11年目の33歳女性です。以前は特に問題なく就労していましたが、3年前に気管支喘息《ぜんそく》で2週間欠勤しました。その後も気管支喘息、感冒、めまい症、不眠、体調不良など、様々な理由で短期間（2～3日程度）の欠勤や遅刻を繰り返し、ここ1年の出勤率は50％程度にとどまっています。

能力的にはそれほど問題ないものの、当日欠勤を繰り返すため、上司としては仕事を十分に任せられない状況が続いています。出勤した日も時々オフィスからいなくなり、日中に連絡がつかなくなることがあります。また現在も仕事中に喘息発作を起こすことがあり、体調管理がうまくいっていないようですが、気管支喘息で受診している呼吸器内科の主治医から「体調不良時以外の就労には問題ない」との診断書が提出されています。なおメンタルヘルス関連の医療機関は受診していません。

半年前に人事面接を行い、「欠勤が多すぎるので、体調に問題があれば休職してほしい」と伝えましたが、「主治医は仕事をして大丈夫だと言っている。自分としてもできるだけ働きたい」と主張して休職を拒否しています。また遅刻した日には、遅くまで残業して帳尻を合わせようとすることもあるようです。

Hさんの主張

以前からアレルギー体質でしたが、ここ数年悪化してしまい、きちんと出社できなくなりました。休んでも体調は良くならないので、仕事を続けながら体を治したいと考えています。欠勤が多くて周囲に迷惑をかけているのは申し訳ないと思っていますが、出勤した日は仕事をきちんとしています。仕事中に時々休憩はしていますが、喫煙者がタバコに行くのと同じくらいです。休んだ分や遅刻した分を取り戻すために、体調が良い日は残業してでも仕事を終わらせようと頑張っています。

人事労務担当者の懸念

Hさんの出社が不安定すぎて仕事を任せられません。最近は出勤した日もきちんと働いていないように見え、周囲から不満が出ています。体調の波が大きく、欠勤の理由が毎回のように異なるため、単なる身体疾患ではなく、メンタルヘルスの問題も関係しているのではないかと疑っています。体調が悪いのであれば休職してしっかり治してほしいです。

本ケースの問題点

Hさんは体調不良で十分な勤務ができていないようです。欠勤の際には喘息をはじめとした様々な身体症状を訴えていますが、Hさんの勤務態度を見ていると単なる身体疾患の問題だけではなく、メンタルヘルスの問題も関わっているかもしれません。しかし、日本では心療内科や精神科を受診する心理的ハードルが高いためか、本ケースのようにメンタルヘルス不調を疑っているにもかかわらず、本人が内科にしか相談しないことは少なからずあります。

またHさんは休職に入ることを拒否しており、勤怠が非常に悪いにもかかわらず主治医は就業可能の診断書を作成しています。このような診断書は医学的な判断に基づいたものではなく、単にHさんの気持ちを代弁したものである可能性があります。繰り返し長期休職をする従業員がいる一方で、「休んだら復帰できなくなる」「自分が休職するような病気になるはずがない」「経済的に不安」など、様々な理由で休職を嫌がる従業員も珍しくありません。ただ、勤怠不良の原因がどうあれ、従業員の健康に配慮するとともに職場の規律を守るために、本人の要望にかかわらず、会社としては客観的視点で就労の可否を判断する必要があります。

一方で、ケース7（166頁）と同様の問題ですが、Hさんや主治医の同意なしに会社が休職発令すると、様々なトラブルが生じる可能性があります。たとえば主治医が傷病手当金の申請書作成に協力してくれないと、Hさんが休職期間中に経済的補助を受けられなくなる可能性があります。また主治医の判断なしに「病気で就労できないこと」を会社が証明することは簡単ではないため、Hさんから「会社が根拠なく強制的に自宅待機を指示した」と誤解され、休職発令行為を一種のパワーハラスメントとして受け取られてしまうリスクがあります。さらに休職発令を「会社からの自宅待機命令」としてとらえれば、賃金の補償が必要になる場合もあり得ます。このようなトラブルを避けつつ、Hさんの体調と職場環境の両方を守るためにどうすればいいか考えてみましょう。

本ケースの考え方

●従業員と会社との認識の違いをすり合わせる

こういったケースでは、当該従業員が「体調が悪いなりに頑張って出社しているのは評価してほしい」「出社している時に限れば同僚と同じぐらい働いている」と考え、「休むことは悪いことではない（仕方ないことである）」という感覚を持っていることが少なくありません。これに対しては、本人の意見に共感しつつも、「毎日出社することは従業員の義務であり、それができないほど体調が悪いなら治療に専念すべきである」「勤怠が不安定だと責任のある仕事が任せられない」といった会社としての見解を繰り返し伝えることで、問題意識を共有するようにしましょう。

また、Hさんは残業することで業務を回そうとしていますが、遅刻や欠勤を繰り返している従業員に残業を認めるのは、さらなる生活リズムの崩れにつながるだけではなく、「勤怠が悪いのに残業代をもらうのはおかしい」などと職場の同僚の不満が高まり、適切なサポートが得られにくくなるリスクもあります。本人の要望にかかわらず、勤怠が安定するまでは残業制限などの就業措置を行い、不安定な就労が続かないようチェックすることが大切です。

●許容範囲を明らかにする

次に、会社としてできる限り体調に配慮をして本人の努力をサポートすることを約束するとともに、「どこまでの勤怠不良を許容するか」について話し合い、線引きしましょう。その基準は会社の社風や業務内容によって異なりますが、経験的には少なくとも80～90％程度の出社率（月の欠勤が2～4日以下）が保てないと、長期的なサポートは難しいかと思います。

ただし、勤怠のよくない体調不良者にとって、いきなり出社率を上げることは簡単ではありません。短時間勤務から徐々に業務時間を増やしていくなど、柔軟な就労支援策も併せて検討するようにしてください。

その上でも勤怠の改善がなければ、治療に専念してもらうため、病気療養による休職を強く勧めるべきです。主治医は状況を知らずに就業可能の診断書を出してくることが多いので、人事労務担当者が外来に同席して現状を説明することが有用な場合もあります。

●経過を記録する

本人がどうしても休職に同意せず、なおかつ勤怠不良の状況が変わらない場合は、最終的に自宅待機命令や出勤停止の業務命令などを検討しなくてはならないケースもあります。こういった対応は後でトラブルになりやすいので、判断に至った経緯をしっかりと記録に残しておくことが必要です。口頭のみでの指示は避け、重要な業務命令については書面を作成するようにしましょう。

●病名や治療状況にこだわりすぎない

Hさんの喘息やめまいなどの身体症状は、心身症と呼ばれる、ストレスに関連した病気である可能性があります（心身症については64頁を参照）。ただ、医学的な診断が必ずしも労務管理に役立つわけではありません。Hさんの抱えている問題の本質は「メンタルヘルス不調を持っているかどうか」ではなく「十分に就労ができていない」ことです。心療内科や精神科への通院が体調改善に有益な可能性もありますが、「どの医療機関を受診するか」という点は従業員本人が考えるべきことです。こういったケースでは、診断や通院している医療機関、治療内容などにあまりこだわりすぎない方がよいでしょう。

実際の経過

まず、仕事を続けるためにはきちんと職場に来ることが何よりも重要であることを、Hさんに繰り返し確認しました。そして「一旦勤務時間を10時～15時に短縮した上で、1ヶ月あたり80％以上の出勤ができた場合は勤務時間を徐々に延ばしていく」という就労支援プログラムを策定し、その期間中は残業を禁止することとしました。Hさんは2ヶ月ほどこの条件をクリアしましたが、その後はまた不安定な勤怠に戻ってしまいました。しかし休職することを頑なに拒否したため、Hさんの同意を得て人事労務担当者が外来に同席して主治医の意見を確認したところ、主治医は正確な勤務状況をHさんから聞いていなかったことが判明しました。主治医からも「このような勤怠では、安全に仕事を継続できるとの診断書は作成できない」との判断があり、ようやくHさんは病気休職に入ることに同意しました。半年ほど自宅療養して体調が改善したため、「出社率が8割以下になった場合は再休職とする」旨の約束をした上で同じ職場に復帰しました。その後も時々遅刻はありますが、設定した目標を超える程度の勤怠を保った状態で仕事を続けられています。

本ケースから学ぶべきこと

従業員の健康管理は原則として従業員自身が行うものですが、会社には安全配慮義務がありますし、労務を十分に提供できない従業員が職場にいると、職場の負担や他の従業員のストレス増加にもつながってしまいます。適切なサポートを行うことは大前提として、安定した就労ができない従業員を放置しないことも人事労務担当者の大切な仕事です。

なお、最近は労働時間削減に加えてワークライフバランスの改善、女性の社会進出促進などを目的に、「働き方改革」と呼ばれる一連の取組みが国を挙げて推奨されています。働き方改革の具体的内容は導入する会社によって異なりますが、フレックス促進、在宅勤務許可、副業解禁、プレミアムフライデー導入などの取組みは、「定時の出退勤を目指す」今までの就業時間管理とは一線を画す内容になっています。

働き方改革には多くのメリットがある一方、「従来の厳格な時間管理を緩める」ことを前提とした取組みには、デメリットも少なくありません。長時間労働が増加するリスクがありますし、本件のような従業員に在宅勤務を認めると就労状況がさらに悪化するおそれもあります。このような問題点も理解した上で、自社にあった取組みを進めるようにしてください。

ケース9

体臭による職場トラブルを認めるIさんの事例

Iさんは従業員数500人の建設会社の企画課所属の45歳男性です（勤続20年、一人暮らし）。1年前にB支店から本社に異動しました。勤怠は問題ありませんが、同僚との付き合いはほとんどなく、職務評価は低めであり、部下のいないポストについていました。異動直後から周囲の同僚は「ホームレスのような」体臭が気になっていましたが、Iさんが傷つくのではないかと心配して指摘できずにいました。

6月ごろの気温が高くなってきた時期から、Iさんの体臭による苦痛を訴える従業員が増加したため、課長からIさんに対して状況確認がなされました。Iさん自身はにおいを自覚していませんでしたが、課長から注意を受けてから少し気にするようになったようで、数日間はやや体臭が改善しました。しかし、その後は以前と同様のにおいに戻ってしまいました。

同年8月より、耐えかねた複数の同僚が「Iさんの机に消臭剤を置く」「Iさんの机が風下になるように扇風機を設置する」「Iさんに対して『あなたが臭くて仕事にならない』と苦情を言う」といった行為をするようになりました。そのトラブルが人事にも届き、「体臭が病気によるものか判断してほしい」との依頼で産業医が面接を行いました。

Iさんの主張

本社に来てから複数の人に「体臭が強い」と言われるようになりました。自分としては臭いという自覚はありません。以前は風呂に入らない日が週に数回ありましたが、最近は毎日入るようにしています。下着も毎日交換するようにしました。いまも若干体臭が残っているかもしれませんが、いろいろ努力しておりこれ以上はどうしようもありません。あまりきつく言われるのは納得がいかず、いじめられているようで悲しいです。これまで大きい病気は経験したことがなく、健診でも肥満以外の問題を指摘されていません。

人事労務担当者の懸念

強い体臭は支店でもあったようですが、一人ひとりのデスクが離れていたため、大きな問題にはなっていませんでした。周囲も気を使ってIさんに言えなかったようです。同僚の対応は過剰な部分もあり注意していますが、体臭がきついのは事実であり、耐え難いと感じる気持ちも理解できます。普通の体臭のレベルではありませんし、何か病気を発症しているのであれば治療してもらいたいです。一人だけ別室で仕事させることも可能ですが、あまり会社が強く対応をするのはハラスメントにならないか心配です。

本ケースの問題点

毎年夏が近くなると、体臭に関連したトラブルの相談を受けることが増えます。多くの場合は本人からの相談ではなく、体臭の強い人の近くで仕事をしている従業員からの、「こんなに体臭が強いのはおかしい。病気だと思うので確認してほしい」といった依頼です。

明らかに異常なにおいを感じた場合に病気を疑うのは当然ですし、確かに多汗症や一部の代謝疾患、歯槽膿漏などで特有のにおいを発することはありますす。しかしこれらの病気を持っていても、本人が自分のにおいに気が付いていれば何らかの対応をするので、大きなトラブルになることは稀です。相談を受ける事例の多くは清潔動作（入浴や衣服の管理など）に問題があり、においに対して極めて無頓着な人が周囲に不快感を与えているケースです。病名が付くかどうかにかかわらず、「認知の偏りが影響して日常生活に悪影響が生じている」という観点では、これも一種のメンタルヘルス不調といえるでしょう。

本ケースでは周囲の同僚が何度も注意しており、かなりきつい対応もしているようです。それでも変化がない場合、どうすればいいでしょうか。また同僚の発言や行為は見方によっては一種のいじめにも見えるため、人事労務担当者が心配しているように、ハラスメントの問題が生じないかも検討する必要があります。

本ケースの考え方

●まず客観的な事実を確認する

においは目に見えず、人によっても受け取り方が異なります。まずは本人だけではなく上司や同僚など複数の関係者から聞き取り調査を行ってみましょう。多かれ少なかれ体臭があるのは誰でも同じですので、「そのにおいが周囲が我慢できないようなレベルであるか」という判断が特に重要です。また改善につなげるために、どんな時期に、どういった状況でにおいを強く感じるか、といった情報も確認するようにしてください。その上で明らかに異常な体臭の問題が生じており職場改善が必要だと判断すれば、その事実を本人にしっかりと伝えましょう。

なお、最近はにおいを数値化して測定する機器もありますが、香水などの良いにおいにも反応してしまうため、周囲が感じる不快感と機器で測定される数値はあまり相関がありません。特定の従業員だけの体臭を測定することはハラスメントとも受け止められかねないので、原則として利用しない方がよいでしょう。

●清潔動作の工夫による改善を促す

体臭の問題があることを本人にも理解してもらったら、次のステップは「どのように改善するか」ということです。面接の結果「毎日お風呂に入っていない」「衣服や下着を洗濯せず繰り返し使用している」などの不衛生行為が明らかになれば、そこを修正してもらうように伝えます。「同じ靴を2足買って、1日ごとに履き替える」といった対処行動だけでにおいの問題が大きく改善した事例もあります。明らかな問題が指摘できない場合は、本人の清潔動作についてしばらく記録をつけてもらい、においの変化を同僚に確認する、といった方法を試してみましょう。「どのような行動をとった時に、どういった結果が生じているか」を本人が理解するきっかけになり、より適切な対処につながることが期待できます。どうしても自覚が芽生えなければ、本人の了承を得て一度自宅を訪問する手もあります。清潔動作が苦手な人は、自室がゴミ屋敷のようになっていることがよくありますので、それを一緒に確認することで状況改善のきっかけを作ることも有用です。

●職場環境での工夫を検討する

さらに職場環境で物理的ににおいを遮断・軽減することも検討すべきでしょう。一番簡単なのは席を移動することです。においの強さは距離の二乗〜三乗に比例して小さくなるので、席を数メートル離すだけでも大きな改善が期待できます。またオフィスの空調を確認し、本人が風下になるよう席の配置を考えてもよいでしょう。

ただし、極端に人間関係を遮断するような対応はパワハラと受け止められてしまう可能性があるため、「一人だけ個室に隔離する」といった過剰な措置はできるだけ避けてください。職場環境の調整は、本人も含めた関係者が快適に仕事を続けるために必要な対応であることを、十分に説明することが大切です。

●ハラスメントを防ぐために

体臭の話をすること自体がハラスメントになり得る、と心配する人事労務担当者もいますが、職場の衛生管理の向上を目的に、適切な事実確認に基づいて冷静に事実を説明するのであれば、たとえ厳しい内容であってもハラスメントではありません。むしろきちんと伝えずに悪い環境を放置することの方が、最終的には本人が職場で孤立したり、周囲からのいじめにつながるなど、ハラスメント問題を生じさせる原因になってしまいます。

筆者の経験では、神経質な人ほど自分の体臭を気にする傾向がある一方、自分のにおいに鈍感な人は体臭について指摘されることをそれほど苦に感じていないことが多い印象があります。関係者間の認識の共有はメンタルヘルス不調者対応の第一歩であり、あまり気を遣い過ぎずに指摘すべきことはしっかり伝えることをお勧めします。

●スメルハラスメントについて

人事労務担当者の心配とは逆に、「においを出している人が加害者で、周囲の人が被害者である」という観点から、本件のような問題に対して「においによるハラスメント（スメルハラスメント）である」と考える人が増えています。海外では裁判になってしまった事例もあり、会社としても無関心でいるわけにはいきません。

スメルハラスメントは体臭や口臭といった「悪いにおい」のみが問題になるとは限りません。強すぎる香水のにおいや、柔軟剤のにおいなどでも苦痛を感じる人も少なくありません。個々の従業員が自分のにおいについて配慮や気配りをするだけではなく、香水の利用などについて職場で一定のルールを作り周知することも、スメルハラスメント防止に有用です。

実際の経過

Iさんと普段一緒に仕事をしている複数の従業員から聞き取りを行い、やはりIさんの体臭が非常に強いことを確認しました。その事実を本人に伝えた上で産業医が面接したところ、面接時にはほとんどにおいを感じませんでした。Iさんに確認してみると、面接日は特に念入りに朝シャワーを浴びてきたとのことでした。このことからIさんの体臭は病気の問題ではなく、清潔動作の不備が原因である可能性が高いことが明らかになりました。このままにおいの問題が続くと、周囲が苦痛を感じるだけではなく、Iさん自身も仕事がしにくくなるおそれが強いことを伝えて、朝のシャワー継続を指示しました。

一方で上司にはIさんの状況を日々確認し、体臭が気になるようなら繰り返し本人の努力を促すように指示しました。最後に、Iさんの両脇の席を空けることで、少しだけ周囲の同僚から距離をあけてもらうようにしました。こういった工夫の積み重ねによりIさんの体臭への苦情は大きく減り、同僚との関係も以前より良くなりました。

本ケースから学ぶべきこと

本ケースのような事例は稀ではなく、社員寮の部屋から異臭がして上司が確認したところ、食べかけのカップラーメンなどがあちこちに置いてある、ゴミ屋敷のような状態だったというケースも筆者は経験したことがあります。会社は全ての従業員に対して「良い環境で仕事を続けられるように努力する」という内容の、就業環境への配慮義務を負っていますので、トラブルが明らかになった際には黙認することなく、早めの対応を心がけましょう。

ケース10 **管理職に適性がなかったJさんの事例**

Jさんは35歳男性で、従業員数800人の小売業企業の総務部に所属しています。「物忘れや細かいミスが多い」「すぐにテンパる」「コミュニケーションが苦手」といった傾向があるものの、上司や同僚のサポートで大きな問題なく就労していました。

しかし2年前にチームリーダーに昇進し、数名の部下（年上の派遣社員を含む）を管理するようになったJさんは、適切に指示をすることができず仕事を抱え込んでしまい、「彼が上司だと仕事にならない」と派遣社員から突き上げを受けるようになってしまいました。結局Jさんは昇進後半年で不眠などの体調不良を生じてしまい、抑うつ状態の診断で2ヶ月休職することになりました。

その後体調が回復し、復職することになりましたが、マネジメントのストレスがメンタルヘルス不調の発症原因であることは本人も人事も理解していたため、一度管理職から外れることになりました。職位はそれまでと同様ですが、上長の指示のもとで単独で行う業務を受け持つことになり、管理職手当が不支給となったため実質的には収入減となっています。与えられた作業はJさんの適性に合ったものであり、復職後は抑うつ症状の再燃もなく、以前と同程度のパフォーマンスを出すことができるようになりました。

ただJさんは管理職を外れたことに不満があります。「このままでは経済的に辛い」「体調が良くなったので再度管理職にチャレンジしたい」と人事に要望を出してきました。

Jさんの主張

以前管理職の仕事がつらくて体調を崩したのは確かですが、その時の経験を生かせば次はうまくやれると思います。原職のままでは給与が安く将来も見えないので、むしろ不安が強くなってしまいます。管理職として再チャレンジする機会を与えてほしいです。

人事労務担当者の懸念

Jさんは元々コミュニケーション能力が低めで管理職に向かないタイプであり、再登用すると、以前と同じ問題が起こるのではないかと懸念しています。また管理職が適切にマネジメントできないと職場への悪影響が大きいので、その点からもこのままの立場で就労を続けてもらいたいです。

本ケースの問題点

コミュニケーションスキルやストレス耐性に少々問題がある従業員でも、適切なサポートが受けられる職場であれば、仕事を人並み以上にこなせる場合も少なくありません。しかし、そういった従業員が管理職に昇格すると、新たにマネジメント業務の負担が増えるだけではなく、サポートを受け続けるのが難しくなります。Jさんは仕事ができない人ではありませんが、マルチタスクや周囲とのコミュニケーションが苦手で、管理職には向いていませんでした。第1章（58頁）で発達障害という病態について紹介しましたが、Jさんにも発達障害の傾向があったのでしょう。

このように管理職に登用されたタイミングで、もともと持っていた問題が明らかになる従業員は少なくありません。最近は複数のキャリアパスを提案できる会社が増えてきましたが、いまだに多くの会社では、キャリアアップに伴い管理職としてのマネジメント業務に就くことが求められます。管理職の業務に対して明らかに適性を欠くJさんのような従業員に、会社は長期的に見てどのように対処すればいいのでしょうか。

また、Jさんは復職の時点で降格となっています。職位は変わりないものの、収入は大きく減っており、それもJさんの不満につながっています。復職時点での降格は客観的に見ても妥当であり本人の同意もありますが、抑うつ症状が改善したにもかかわらず再登用しないことは許されるのでしょうか。

本ケースの考え方

●人事権についての考え方

まず、管理職に登用するか否かという判断は人事評価に関する意思決定であり、会社の専権事項になります。つまりいじめなどの不合理な判断に基づいた人事評価でない限りは、だれをどのタイミングで管理職に昇進させるかは会社が決めることなのです。ただし「40歳になったら課長職にする」などの内規が不文律であっても存在する場合は、そのように対応しない理由をはっきりさせる必要があります。

本件でそのような内規がないとすれば、管理職の適性がない従業員を無理に昇格させる必要はなさそうです。しかし、その場合は長期的に見てどのようなキャリアパスを提案するか、という点についても考える必要があるでしょう。理由ははっきりしませんが、最近発達障害傾向を持つ従業員が増えてきた印象があります。たとえばマネジメント不要の専門職として昇格する道を新たに作るなど、従業員の適性にあったキャリアを提示できるようにすることは、有能な人材を引き付けるためにも必要なことでしょう。

また、Jさんのケースでは、過去に一旦昇格させている点も考慮する必要があります。Jさんの発達障害的な傾向は体調を崩す前から有していたものであり、それでも会社は一度昇進を許可したわけです。そうであれば、復職後に抑うつ症状が改善した時点で再昇格させない理由はありませんし、いつまでも管理職への昇格を認めないことは一種のハラスメントになる可能性もあります。

●再発防止策を本人と話し合う

同じような問題を再度起こすことは、誰にとってもプラスではありません。そのような可能性を懸念している場合は、その懸念を本人と共有し、意見を確認してみるのが効果的です。Jさんがうまくやれる根拠のないまま、経済的不安などから安易に管理職への復帰を希望しているのであれば、どうやって同じ問題を繰り返さないようにするのかよく考えてもらう必要があります。

一方で本人なりに工夫をして乗り越えようと考えているなら、以前と同じ問題を繰り返さなくて済むかもしれません。「あなたはマネジメント能力が低く、管理職の適性はありません」といったゼロ回答では本人のやる気を大きくそいでしまう可能性も高いため、うまくいかなかった場合の対応も考えた上で、一度は再チャレンジの機会を与えるのが適当ではないでしょうか。

実際の経過

Jさんに対して「会社としては管理職の適性が低いと考えていること」「管理職に戻すと会社としてサポートが難しくなるため、メンタルヘルス不調が再発してしまうのではないか心配していること」を伝え、同じ失敗を繰り返さないためにどのような方法があるか考えてもらいました。それに対してJさんからは「トラブルが生じた場合には早めに上司に相談する」「派遣社員を含めた部下と積極的に交流し、職場の不満をためないようにする」といった工夫をしてみる、との提案がありました。こういったJさんの熱意を評価し、会社は以前よりも小さいチームのリーダー職に再昇格させました。Jさんは約束どおり以前の失敗を教訓にしてマネジメント業務に取り組み、現在のところメンタルヘルス不調の再発なく就労を継続しています。

なお、同じようなケースが今後も起こり得ることを考え、人事制度の見直しも同時並行で進めることになりました。具体的にはマネジメント業務の必要な管理職以外に、専門職に特化するキャリアも可能な制度とし、別途手当もつけることで経済的な不公平が生じない仕組みづくりを検討しています。

本ケースから学ぶべきこと

コミュニケーション能力が低かったりマネジメントがうまくできない従業員へのサポートは、多くの人事労務担当者が抱える悩みの一つだと思います。ただ、理解いただきたいのは、発達障害の傾向があるからといって、すべての能力が低いとは限らないということです。コミュニケーションスキルが低い一方で、プログラミング作業や経理業務では人並み外れた能力を発揮する人もいます。1988年のアカデミー作品賞ほかを受賞した『レインマン』という映画では、自閉症（サヴァン症候群）の主人公が抜群の記憶力をいかしてカジノで大勝ちする場面が出てきます。要は適材適所であり、こういった従業員をうまく活用することこそ人事労務担当者の腕の見せ所だと考えてください。

ケース11　休職期間中に副業を希望したKさんの事例

Kさんは従業員数８００人の建設会社の経営企画部に所属する45歳男性です。3年前に現在の部署に配属されましたが、新しい仕事に馴染めず十分なアウトプットが出せていませんでした。また上司と折り合いが悪く、徐々に突発的な欠勤が目立つようになり、その後「抑うつ状態」の診断で休職に至っています。

休職して1年半ほど経過し、傷病手当金の給付が切れるタイミングでKさんが復職を希望してきました。しかし、人事からメールしても返事がないことが多く、復職相談の面接にも遅刻してきました。話を聞いてみると、不眠症状が続き生活リズムが安定していないようです。この体調では十分な労務の提供が難しいと判断し、人事労務担当者と産業医の判断で現時点での復職は不許可としました（休職可能期間はまだ半年程度残っています）。しかしKさんは納得せず、「経済的に苦しいので、復職に時間がかかるなら、それまでの間に他社でアルバイトをしたい」との要望がありました。

Kさんの主張

休職後に家族の不幸などの心労が重なり、回復に時間がかかってしまいました。今月末で傷病手当金の支給が終わり収入がなくなってしまうため、今すぐ復職させてください。まだ不眠症状や気分の波があるため起床は10時前後で、日中はボーッとテレビを見ていることが多いです。それでも会社に戻れば以前と同じような生活ができると思います。今すぐ復職手続きを進めることができないなら、生活のため他社でアルバイトをすることは認めてください。今は経済的な不安が一番のストレスです。

人事労務担当者の懸念

経済的不安のため、体調が十分に改善していないにもかかわらず復職を希望しているように見えます。十分仕事ができるようになるまで復職は認められません。ただ、休職中に副業を許可したケースは過去に経験がなく、どう対応すればいいか悩んでいます。

本ケースの問題点

休職中の経済的保障は企業によって異なるものの、傷病手当金の支給が中心となるケースが多いと思います。傷病手当金は最長で1年半の受給が可能ですが、その間に体調が改善するとは限らず、経済的な不安から不十分な回復状況で復職を希望する人は後を絶ちません。

主治医も患者さんの経済的苦境を理解しているので、患者さんから頼まれると、十分に良くなっていない状況でも就労可能の診断書を作成してしまうことがあります。会社も診断書が提出されると表立って反論しにくいため、なし崩し的に復職を認めてしまうケースが稀ではありません。しかしこういった復職は、再休職リスクを高めてしまうだけではなく職場の規律にも悪影響を与えます。一方で経済的不安がストレスにつながるのも事実であり、いつまでも休ませていればよいという話ではありません。このようなケースでスムーズな復職を目指すための方法を考えてみましょう。

またKさんの希望する休職中のアルバイト（副業）はどうでしょうか。最近は働き方改革の一環として副業を認めている会社が増えてきました。しかし体調不良で休職中にもかかわらず副業することは許容できるのでしょうか。こういった要望についての考え方も検討してみましょう。

本ケースの考え方

●復職前に確認すべき3つのこと

第1章（110頁）でも述べた通り、復職の可否は「きちんと出社し、十分な労務を提供できる体調か」という視点で判断する必要があります。それを判断するために復職前に最低限確認すべき条件が、次の3点です。

- 週5日間、定時勤務での出退勤を続けることができるか
- ある程度（通常の8割程度）のアウトプットが出せる状態か
- 精神的に安定した体調で少なくとも3～6ヶ月は就労を続けられるか

この条件をすべて満たしていれば、少々抑うつ症状が残存していても仕事を続けながら体調改善

を目指せるケースが多いです。一方で、いずれか一つでも条件を満たさない項目があった場合は、復職してもすぐに再発してしまうリスクが高いため、復職のタイミングを見直すべきです。

Kさんの場合は生活リズムが悪く、今の体調で定時出社を週5日間続けるのは難しそうです。またテレビを眺めるだけの時間が長いなど日中の活動度も低く、十分なアウトプットを出せるほどに心のエネルギーが高まっていないように見えます。この状態では、仮に復職当初は勤務を続けられても、いずれ再発してしまうでしょう。よってKさんは復職条件を一つも満たしておらず、このタイミングで復職させるべきではありません。復職の最終判断は会社の専権事項ですので、本人の希望や主治医の意見書に惑わされずに復職を一旦保留とした会社の判断は正しいといえます。

●復職までのロードマップを考える

しかし経済的不安の強いKさんが、給与保障のない状況で休職を延長しても、かえって不安が高まるだけで体調の改善につながらないおそれがあります。また会社に復職を認めてもらえなかったことにショックを受け、抑うつ症状が悪化してしまうリスクもあります。ただ漫然と自宅療養を指示するのではなく、復職までのロードマップを本人と会社で一緒に考えることが大切です。たとえば「復職前に1ヶ月間出社訓練を行い、問題なく定時に通勤できることが確認できれば復職を許可する」といった復職支援プログラムで復帰への方向性を示すことができれば、本人の生活リズムを改善するきっかけになりますし、会社も体調の回復状況を確認する良い機会になるでしょう。

●「副業」のとらえ方

副業の要望については、「副業ができる体調なら本業での復職を目指すのが本筋では」という考えが当然あり得るでしょう。一方で副業は本人にとって経済的メリットがあると同時に、生活を整えるきっかけになります。また会社から見ても、副業がしっかりこなせているなら復職も進められるタイミングと判断できます。就業規則などで副業が認められていることが大前提ですが、出社訓練の代わりに本人の要望を認めて副業をしてもらうのも一案です。

実際の経過

まずKさんに対し、十分な体調で復帰してほしいこと、現在の生活状況では直ちに復職させるのは難しいことを伝えました。その上で復職支援策として出社訓練を行ってみることを提案しました。また他社での副業についても、詳細を会社に報告することを条件に認めることとしました。

Kさんは出社訓練ではなく副業を希望し、知人の会社で1日6時間、週4日の就労を2ヶ月間続けました。これによりKさんの生活リズムは大きく改善し、職場復帰への自信にもつながりました。また会社も復職可否の判断材料が得られ、職場の受け入れもスムーズに話が進みました。その後Kさんは副業を辞めて正式に元の職場に復職し、現在まで再発なく就労を継続できています。

本ケースから学ぶべきこと

Kさんのように、傷病手当の受給期限や休職可能期限が迫った時期に復職を希望する従業員は少なからずいます。本ケースでは申し出からさらに半年程度休職できたので復職支援が可能でしたが、対処できる期間が短いほど適切な復職サポートは困難になります。休職中の従業員にも定期的に声かけし、直前になって慌てることがないようにしてください。

またアルバイトや副業については、その間の社会保障関係（健康保険や年金など）をどうするか、という問題が生じる場合もあります。さらに傷病手当は疾病により仕事ができないことを前提として受給するものであるため、当然ですが給付期間中に副業を認めることは問題があります。

こういった問題に対応するため、国も動き始めています。厚生労働省が公表しているモデル就業規則に記載の、副業や兼業の禁止規定を削除する方針が示されていることに加え、2017年度中には兼業や副業の普及を拡大するためのガイドラインが策定される見込みです。これらも参考にしつつ、各々の企業にあった仕組みづくりを考えてみてください。

ケース12　パワハラ被害を訴える高ストレス者Lさんの事例

Lさんは入社16年目の36歳女性で、従業員数3,000人の製造業の総務部で一般事務をしています。ストレスチェックで高ストレス者に該当し、産業医面接を希望しました。

Lさんは面接の際に厚生労働省のホームページからダウンロードしたパワーハラスメントに関するポスターを持参し、「上司から『この程度の仕事もできないのは能力に問題がある』『ミスが多すぎて任せられる仕事がない』といった発言があり、これらはパワハラに該当すると思う」と繰り返し主張しました。また仕事の内容も単純作業ばかりでやりがいを感じられない、と不満を感じており、他部署への異動を希望しています。

なお自覚症状としては不眠や気力低下などの訴えがありますが、よく確認してみると10年近く前から不眠症状は続いており、近所の心療内科に通院中とのことでした。

Lさんの主張

上司からパワハラを受けたせいで体調を崩しています。今まで我慢してきましたが、ストレスチェックでストレス度が高いことが分かり、会社にしっかり対応してもらいたいと考えて産業医面接を希望しました。確かに以前から心療内科に通院していますが、症状がここまで悪くなったのはパワハラのせいです。上司との関係の修復は難しいですし謝罪を求めるつもりもないですが、同じ部署にいるのは我慢できません。今の仕事は自分の適性に合っていないと感じており、この機会に異動を希望します。

人事労務担当者の懸念

Lさんの上司はかなり厳しい人であり、一部行きすぎた発言があったのかもしれません。その点は上司にもしっかり指導したいと思います。ただしLさんの仕事が不十分であるのも事実で、それを指摘した上司の言動はパワハラとまでは言えないのではないでしょうか。Lさんは異動を希望されているようですが、これまで総務の一般事務しか経験がなく、本人の能力を考慮しても他部署への異動は難しいと考えています。

本ケースの問題点

２０１５年12月よりスタートしたストレスチェック制度では、点数が一定以上の従業員（高ストレス者）に対して産業医面接の機会を設けることが義務付けられています。ストレスチェック後に産業医の面接を希望する従業員は比較的少なく、私の印象では高ストレス者の１割程度しか申し出てこない会社が多いようです。ストレスの原因が会社とは関係ないプライベートであるケースもあれば、自分の体調について会社に伝えることに抵抗感が強い従業員もいるのでしょう。一方で面接を申し出る従業員は、あえて面接を申し出るだけの動機があるわけで、会社に対して何らかの不満や要望を有していることが珍しくありません。法律上、会社は高ストレス者の産業医面接結果を確認し、その内容を尊重して就業上の配慮を行うことが義務付けられています。しかし本件のように本人の認識と会社の考えが合致していない場合はどうでしょうか。このような場合にどこまで会社が対応すべきか考えてみましょう。

また「上司からパワハラを受けているので異動したい」という要望は、高ストレス者面接に限らず少なくありません。こういった要望に会社がどう対応すべきか、合わせて検討してみましょう。

本ケースの考え方

●高ストレス者面接の位置付け

ストレスチェック制度の第一の目的は、従業員自身のセルフケアの向上です。つまり自分自身の心の状態を理解することを通じ、メンタルヘルス不調につながる生活習慣の改善を促すための制度です。ただ、職場でのストレスは従業員一人の力では改善できないことが少なからずあります。そういった従業員から状況を確認し、適切なサポートにつなげるための制度が、高ストレス者面接とその後の就労措置です（詳細はコラム④（80頁）を参照）。高ストレス者面接の結果は原則として産業医が人事労務担当者などに報告することになっており、報告を受けた会社は適切な就労措置を取ることが義務付けられています。

●高ストレス者への「適切な就労措置」とは

問題は、「適切な就労措置」がどのようなものか、ということです。この点、残業の禁止や異動など、本人の要望に沿った対応ができるのであれば問題ありません。大きな会社では他部署での受け入れも比較的対応しやすいため、こういったケースですんなり異動が決まることもよくあります。一方で会社の規模や本人の能力・適性によっては、要望に沿った環境調整が難しいこともあるでしょう。

人事権は会社が持っていることが大前提なので、高ストレス者だからといって絶対に異動などの人事措置を取らなくてはならない、ということではありません。あくまで常識的にみて、「会社がストレスを感じている従業員に対して適切な配慮をしているか」という観点で判断することになります。

Lさんは異動希望ですが、「総務以外の経験がなく、別の部署で十分な成果を出すのが難しいだろう」という会社の判断は非合理的とは言えません。そのような場合はLさんの希望する異動以外の解決策を提示すること、たとえば加害者と指摘された上司に注意を促したりサポート体制を強化するなど再発予防を十分に行った上で、しばらく様子を見ていくことも、高ストレス者に対する適切な就労措置として認められるでしょう。いずれにせよ、どういう理由でどのような判断に至ったか、しっかり従業員に説明することが大切です。

●ハラスメントが疑われた場合の対処法

ただし、本当に上司からのパワハラがあったとすれば、再発予防の観点からも対応を考える必要があります。ハラスメントが疑われた場合は、被害者や加害者（と指摘された人）だけではなく、同じ職場の同僚などにも聞き取り調査を行い、できるだけ客観的な視点で確認しましょう（詳細はコラム⑥（98頁）を参照）。その上でパワハラがあったと判断した場合は、同じ人間関係のままでストレス状況を改善していくのは難しい、というのが常識的な判断になるでしょう。パワハラを放置した責任の一端は会社にもありますし、できるだけ本人の希望に沿った対応が望ましいことになります。

一方で、パワハラがなかったと判断した場合は、原則通り人事権が会社にあることを前提に対処を考えるのが適切です。ただし、人間関係の問題を放置すると本当にパワハラにつながってしまう可能性もあるので、上司に注意を促すなど一定の再発予防策をとることが必要です。

実際の経過

Lさんの同意を得た上で、産業医から会社に対してパワハラの疑いがあることを伝え、正式に調査してもらうことになりました。調査の結果、確かにLさんが主張するような上司の言動はあったものの、主にLさんの業務が不十分であることに伴う叱責であり、ハラスメントではないという結論になりました。ただし同じ問題が生じないよう、上司に対して部下を感情的に叱責しないように注意しました。またLさんに対しては、業務適性などを考慮した結果として異動させることはできないものの、今回問題となった上司との間に一人リーダーを挟むことで、直接接する機会を減らすように配慮することを伝えました。Lさんはパワハラが認められなかったことや異動させてもらえなかったことに不満を感じているようでしたが、リーダーのサポートもあってその後は大きなトラブルなく総務部での勤務を続けています。

本ケースから学ぶべきこと

長時間労働に伴う体調不良や残業代未払いなどの明確な労務コンプライアンス問題を認める事案は、（すぐに改善できるかどうかはともかく）対処法に悩むことはありません。一方で、本件のようなハラスメント疑いの事案や同僚との人間関係トラブルなどは、従業員同士の相性の悪さが要因になっていることも多く、一方の意見だけを考慮して話を進めると対応を間違える可能性もあります。高ストレス者面接であるか否かにかかわらず、関係者の主張や意見を十分に汲み上げ、できる限り多くの関係者が納得できる解決策を探っていくことが大切です。

ストレスチェックの高ストレス者面接をきっかけとして、従業員が職場環境の不満に対して声を上げる機会が増えたことは、会社としては面倒に感じることかもしれません。しかし、大きなトラブルが起こる前に職場改善を行う機会になり得ることを前向きにとらえ、積極的に就労環境の改善に取り組んでください。

ケース13

若年性認知症が疑われるMさんの事例

Mさんは従業員数1，000人の総合商社に勤務する54歳男性で、企画課の課長職です。もともと業務評価は良好でしたが、4年ほど前から「大事なアポイントメントを忘れてすっぽかす」「重要書類を電車に置いてきてしまう」といった大きなミスを繰り返していました。その前後から業務のアウトプットも低下しており、マネジメント適性がないと判断され、現在は部下を持たずに一人での作業が中心です。

さらに1年前から不眠や気力低下を訴えるようになりました。職場でも何もせずボーッとしている時間が増え、心配した上司の助言に従い心療内科クリニックを受診しました。「抑うつ状態」との診断がつき内服治療が開始されましたが、十分な改善がなく3ヶ月で通院を自己中断しています。ここ数週間で「髪がボサボサなまま出社する」「日中に数時間連絡が取れなくなる」「メールに返事をしない」「表情に乏しく話しかけても返事がない」など異常な行動が目立つようになっており、上司が認知症を疑って産業医に相談しました。

Mさんの主張

数年前から不眠を自覚しています。忘れ物は多いですが、もともと記憶力が良くないので年齢相応だと思います。日中はトイレやタバコで席を外すことはあるものの、それほど離席時間は長くないはずです。メールにすぐ返事をしないのは良くないので、今後気をつけます。体調に波はありますが休むほど調子が悪いわけではないです。以前心療内科を受診しても良くならなかったので、医療機関に相談しても仕方ないと考えています。家族と一緒に住んでいますが、妻は子育てにかかりきりで会話はほとんどありません。

人事労務担当者の懸念

元々は明るく仕事に積極的に取り組む従業員であり、数年前と比較すると現状は別人のように見えます。認知症なのか分かりませんが、この変化は明らかに普通ではありません。就業時間中にいなくなることがあり、何か大きな問題を起こさないか心配しています。会社としてはできるだけのサポートをしますが、今の体調では就労自体が困難だと思います。ただ休職させようにも病識がないMさんが納得すると思えず、対応に苦慮しています。

本ケースの問題点

年齢をとるにつれて脳機能が衰えるのは当然の加齢性変化であり、物忘れが増えるのはおかしなことではありません。しかし認知機能や記憶力の低下が通常のレベルを超え、日常生活にも支障をきたすようになると、それは「認知症」として治療や対処が必要になってきます。認知症で多いのはアルツハイマー病と脳血管性認知症です。アルツハイマー病は脳細胞の中にアミロイドと呼ばれるタンパク質が蓄積し、脳細胞が死んでしまうことが原因と考えられています。一方で脳血管性認知症は、高血圧などの生活習慣病で脳の血管が老化し、脳細胞に十分な酸素や栄養を送れなくなることで認知機能の低下をきたします。いずれも高齢になるほど頻度が増え、65歳以上の高齢者では15~20%の有病率と言われています。一方で、定年前の比較的若い時期に明確な認知機能低下をきたすことは稀ですが、何らかの脳機能異常により64歳以下で認知症の診断基準を満たした場合に、若年性認知症と診断されます。

若年性認知症の問題点は、「診断」と「対処」が難しいことです。若年性認知症の患者さんはそれほど多くないいため、周囲の関係者や医師もはじめは認知症を疑いません。そのため特に病初期は、うつ病などの他の精神疾患と誤診されることが珍しくありません。また年単位で進行するため、家族など普段近くにいる人ほど変化に気付きづらく、結果として診断が遅れることになります。

また若年性認知症は本人の自覚（病識）がない場合が多く、医療機関への受診や治療に消極的なケースがよくあります。仮に十分な治療がなされても、うつ病やパニック障害などと異なり有効な治療法がなく、診断後も進行が想定されるため、どのように就労継続をサポートするかも問題です。

本ケースの考え方

●まずは問題を自覚してもらう

認知症を強く疑ったとしても、いきなり「あなたは病気だと思います」と言ってしまっては反発を招くだけです。まずは問題行動などの事実に基づき、健康状態が気になっていることを伝えましょう。たとえば「以前に比べてパフォーマンスが落ち、大きなミスも増えています。あなたらしくないので心配しています」といった声かけがよいでしょう。その上で医療機関受診を促すことになりますが、一人で受診させると病識に乏しいため医師に対して正しく症状を伝えず、診断がつかずに戻ってくるおそれがあります。主治医に対して情報提供書を送る、家族に説明して付き添ってもらう、上司が外来に同席する、などの方法で医師に現状を理解してもらいましょう。

●就業のサポートを考える

診断がついたら、次は就業サポートについて検討しましょう。病気の種類にかかわらず、仕事を続けるためには「安全かつ安定した出社を続けられること」と「最低限必要なアウトプットが出せること」が必須です。認知症の従業員であっても、仮に自動車事故を起こせば会社も法的責任を免れません。また、職場からフラフラ外出してしまうような状況であれば、従業員に対する安全配慮義務を果たせない場合もあります。このようなケースでは一旦休職させざるを得ないでしょう。

一方で前述の就労基準を満たすのであれば、認知症であっても仕事を続けてもらうことは可能です。ただし若年性認知症は急速に進行する場合があるので、定期的に上司が体調を確認することが必要です。またさらに進行して今後の通常勤務が難しいと判断した場合は、障害者雇用に切り替えるなどの対応も検討してみることが望ましいでしょう。

実際の経過

産業医面接での受け答えは比較的しっかりしているものの、表情は乏しくボソボソと返答するなど、Mさんは明らかに普通の体調には見えませんでした。また認知機能低下を深刻に受け止めている様子はなく、病識に乏しいことが明らかでした。病的な認知機能低下ではないかと心配していることを伝えて認知症のスクリーニング検査をしてもらったところ、軽度認知症の診断を満たしていました。

その後本人の同意を得て家族を呼び、会社の懸念を伝えて専門医療機関受診を促しました。その結果、やはり若年性認知症を発症していることが明らかになり、安全に業務を続けられるか懸念があったため、一旦休職してもらうことになりました。休職後は治療により不眠や気力低下は改善し、ある程度の病識も出てきましたが、認知機能は十分な改善がなく通常勤務に戻るのは難しいと考えられました。今後について本人や家族と相談し、障害者手帳を取得した上で障害者雇用で業務を継続してもらう方針となりました。

本ケースから学ぶべきこと

定年延長や少子高齢化に伴い多くの会社では従業員の平均年齢が上昇しており、それに伴い病気を持ちながら仕事を続ける人が増えています。たとえば65歳までに日本人の6人に1人はがんになるとの報告もあり、認知症に限らず定年まで無病息災で最高のパフォーマンスを出し続けるのは難しい時代だと言えるでしょう。病気の従業員が十分な結果を出せないことに対して周囲が不満を持つこともありますが、これは誰もが通り得る道です。適切なサポートを行うことで本人の生産性が高まれば職場にもメリットがあることを、関係者全員の共通認識とすることが大切です。

なお「正常と認知症の中間的な状態」が少なくない点にも注意が必要です。検査では認知症の診断はつかないけれども健康な時よりも認知機能が低下している状態、つまり健常者と認知症の中間に当たる段階を、軽度認知障害（mild cognitive impairment, MCI）と呼びます。ＭＣＩは放置すると5年以内に半数が認知症に移行すると言われていますので、現時点で認知症の診断がつかなくても慎重に経過を見る必要があります。

また認知症ではないにもかかわらず、同じような症状をきたす病気がいくつかあります。たとえばうつ病などの精神疾患と認知症は、記憶力低下や意欲低下などの症状が重なるため、どちらなのか区別が難しいことが少なくありません。さらに睡眠時無呼吸症候群などの身体疾患でも、記憶力や集中力が落ちることがあります。いずれにしても、認知機能が落ちている従業員を見つけたら、放置せずに早急に適切な医療機関につなげることが必要です。

ケース14

触法行為をしてしまったNさんの事例

Nさんは配送業者の従業員で入社7年目の45歳男性（独身）です。勤怠に問題はないものの、コミュニケーションが苦手で上司と衝突することがしばしばありました。

1年前に異動で勤務する事業所が変わり、当初は同僚の30代女性職員Xさんと仲良くしていましたが、しばらくしてXさんがNさんを避けるようになりました。NさんがXさんに一方的に恋愛感情を持ち、つきまとい始めたことが原因のようです。そのころからNさんは体調不良を理由とした遅刻や欠勤を繰り返すようになり、上司が注意したところ「うつ状態で休職が必要である」旨の診断書が提出され、3ヶ月前から休職しています。

一方、1ヶ月前にXさんから会社にNさんに関する相談がありました。「Nさんから『あなたが私を避けるので体調を崩してしまった』『あなたを傷つけてやりたい』といった内容の、身の危険を感じるようなメールを繰り返し送りつけられている」とのことです。上司が休職中のNさんに連絡して注意したところ、NさんはXさんに対して「あなたが会社に連絡したから死にたくなった」とメールした上で、過量服薬してしまいました。その後もNさんがXさんの家の前をうろつく等のストーカー行為を繰り返したため、Xさんは警察のストーカー窓口に相談し、警察からもNさんに注意が入りました。このような経緯があったにもかかわらず、Nさんから復職希望の連絡が入りました。

Nさんの主張

Xさんとの関係悪化が体調不良のきっかけです。私にも言い分はありますが、今後はXさんに近づかないようにします。最近は精神的に安定しており、過量服薬はもうしないと約束できます。元の現場に早く復帰したいです。

人事労務担当者の懸念

本人は原職復帰を希望していますが、Xさんと同じ事業所には戻せません。そもそも1ヶ月前に過量服薬しているようですが、本当に病気は治ったのでしょうか。またストーカー行為で警察沙汰になった以上は処分を検討していますが、それをきっかけに再度体調を崩さないかについても心配です。

本ケースの問題点

本ケースは、メンタルヘルス不調の発症のきっかけとして職場内の人間関係問題があり、それがエスカレートして警察沙汰や自殺未遂にまで発展してしまった事例です。NさんとXさんには認識の相違がありそうですが、少なくとも体調を崩したNさんが一方的に被害者というわけではないようです。かなり複雑な事例ですが、①人間関係トラブルを起こしやすい休職者の復職対応、②触法行為があった場合の会社の対応、③自殺企図行為があった従業員への対応、といった点が問題となるでしょう。いずれも難しい問題ですが、一つずつ区別して対応を考えてみましょう。

本ケースの考え方

●人間関係トラブルを起こしやすい休職者の復職対応

本ケースのように、職場の人間関係の悩みで体調を崩す人は少なくありません。しかし、Nさんは休職中にもXさんにつきまとってトラブルを大きくしたり、当てつけで過量服薬をするなど、通常のメンタルヘルス不調のパターンとはかなり乖離があるようです。このような場合は、メンタルヘルス不調の背景にパーソナリティ障害の問題が隠れていないか注意する必要があります。

たとえば第1章（61頁）で解説した境界性パーソナリティ障害を有する人は、相手の気持ちを汲み取った安定的なコミュニケーションが苦手である結果、同僚に対して勝手に恋愛感情を持ってしまったり、小さなトラブルをきっかけに突然抑うつ的になったり攻撃的になってしまうことがあります。こういった従業員の復職対応にあたっては、体調の改善や労務の可否を確認するだけではなく、休職に至った経緯を十分に振り返ってもらうことが大切です。その際には「会社としては一方的にどちらかの肩を持つつもりはないが、あなたにも非があり改善が必要だと考えている」ことを伝え、本人に自分の行動にも問題があったことを自覚してもらう必要があります。

なお、仮に業務時間中などに性的な言動があれば、本件はセクハラに該当する可能性もあります。

恋愛関係とセクハラの境界線が曖昧なこともありますが、ここまで問題が大きくなる前に介入する方法がなかったのか、職場のハラスメント対策を見直す必要もあるでしょう。

なおNさんは一応反省しているようですが、特に恋愛感情がもつれたケースでは今後も同様のトラブルを繰り返す可能性があります。会社には従業員に対する安全配慮義務があるため、どちらかが他方を傷つけるようなことがあれば、会社が法的責任を負う可能性もあります。本件では警察の介入まであったことを考慮すれば、NさんとXさんとの接点をなくすことが当然必要でしょう。

●触法行為があった場合の会社の対応

次に触法行為への対応を考えてみましょう。いくら休職中であっても、同僚に対してストーカー行為をした以上は、懲戒処分を検討する必要があります。メンタルヘルス不調を有する従業員に厳しい対応をすると体調悪化の引き金になり得ることは事実ですが、会社にはXさんをはじめとする他の従業員の健康や安全を守る義務もあるので、ストーキングを黙認することは許されません。また、厳格に対応することが、Nさんが同様の行為を繰り返さないように動機づけすることにもつながります。過去に処分歴がないのであれば、いきなり懲戒解雇するのは問題かもしれませんが、たとえば一定期間の減給など、ある程度の痛みを伴う処分が問題再発の予防に有用でしょう。

なおメンタルヘルス不調者にとって、復職直前は最も体調が安定している時期です。このタイミングで復職対応と同時進行で処分についても検討し、今後同様の問題を絶対に繰り返さないよう約束してもらうようにしましょう。

●自殺企図行為があった従業員への対応

最後に希死念慮（死にたいと考える気持ち）がある従業員への対処法です。希死念慮の有無は聞きづらく、うやむやにしてしまう会社も少なくありません。しかし本ケースのような事例であっても、復職直後に万一Nさんが自殺してしまった場合は、会社が管理責任を問われかねません。また、本人に懸念を伝えることが、突発的な自殺企図行動の抑止につながることも知られています。復職前に会社として自殺企図があったことを懸念していること、再度自殺未遂を繰り返すことがあれば即刻再休職を命じることを説明し、絶対に自殺しないように約束しておくことが必要です。

実際の経過

Nさんに就業意欲があり、体調が安定していることも確認できたため、具体的な復職の手順について話し合うことになりました。Xさんとの関係に問題があったことを確認し、「どんな理由であってもストーカー行為は許されないこと」「触法行為を理由に懲戒処分をすること」「今後同様の問題が生じた場合にはより厳しい処分をすること」を伝えました。そしてXさんとの接点をなくすために異動での復職とし、併せて自殺企図は絶対にしないことも約束してもらいました。

Nさんは復職後しばらく安定して仕事を続けていましたが、3ヶ月ほど経過したところで人事考課に不満を持ち、新しい職場の上司に対して「あなたがひどい評価をしたので、また死にたい気持ちが出てしまった」と主張してきました。しかしこのような主張は一種の脅し（自殺をほのめかすことで言うことを聞かせようとする）であると考え、「残念ですが会社の規定に沿った評価なので仕方ありません」「希死念慮が悪化したなら再休職してください」と伝えました。本人は不満そうでしたが、その後は抑うつ症状や希死念慮の訴えがなくなり、何事もなかったように勤務を続けています。

本ケースから学ぶべきこと

メンタルヘルス不調の従業員に対しては、「傾聴・受容・共感」というキーワードに代表される支持的な対応を行うことが原則です。一方でパーソナリティ障害を合併しているようなケースでは、しっかりと言うべきことを言った方が、本人にも会社にも望ましい結果が得られることが少なくありません。特に触法行為が行われたような極端なケースでは、曖昧な対応が問題をより大きくしてしまうこともあります。第1章（63頁）でも説明した通り、「労務問題に対して一貫した対応を心がける」ように気をつけてください。

ケース15 復職支援のための異動を拒否するOさんの事例

Oさんは入社20年目の42歳女性です。従業員数3，000人の家電製造業の正社員で、3年前から経理部に所属しています。

1年前の人事異動で新しい上司に変わりました。当初は問題なく業務を続けているように見えましたが、半年前にOさんから「些細なミスに対して怒鳴りつけられた」「業務評価を故意に下げられた」「必要な業務連絡をしてくれない」などのパワーハラスメントを上司から受けた、との通報がハラスメント相談窓口に入り、その翌月からOさんは「抑うつ状態」の診断で休職に入ってしまいました。

先月になって復職可能の診断書が提出されたため、人事労務担当者が面接を行いました。上司との関係性を考慮して異動での復職を提案しましたが、Oさんが異動を強く拒否するため復職手続きが進まなくなってしまいました。

Oさんの主張

上司からパワハラを受けたせいで体調を崩してしまいました。パワハラの証拠は残っていませんが、加害者に聞けば否定するのは当たり前です。職場復帰にあたり異動を提案されましたが、どうして被害者の私が仕事を変えなくてはならないのか理解できません。自分が異動するのは私が悪者扱いされているようで絶対に嫌です。体調は良好であり、上司が変わらなくても現在の職場で仕事を続けられる自信はあります。どうしても会社が上司のパワハラ行為を認めないのであれば法的対応を検討しています。

人事労務担当者の懸念

　パワハラについては、上司だけではなく同僚にも聞き取り調査を行っていますが、確かに何度か大声で叱責したことがあるようです。Oさんの主張が全て正しいわけではなく、パワハラとは判断していませんが、上司のマネジメントには改善の余地があります。一方で「Oさんから暴言を受けた」と話す従業員が複数おり、会社としては上司とOさんのどちらにも問題があったと考えています。病気を悪化させないか心配で、Oさんには調査結果は大まかにしか伝えていません。

　ハラスメントの有無にかかわらず、被害者意識を持っている従業員を、加害者と名指しされている上司の下に戻すことは考えられないので、異動なしの復職は認められません。

本ケースの問題点

近年ハラスメントの社会的認知が大きく進み、産業医としてもメンタルヘルス不調の従業員や人事労務担当者から相談を受けることが増えてきました。職場改善の観点からはハラスメント対策が進むことは望ましい変化ですが、一方で本件のような微妙なケースも増えてきています。ハラスメントが明確に認定できれば、「加害者を処分する」などの対応は比較的分かりやすいのですが、ハラスメントといえるか微妙なケースでは、どのように対応するか難しい問題です。

また復職は原職復帰が原則ですが、人間関係の問題がメンタルヘルス不調や休職につながった場合、同じ職場に戻してしまうと再度体調が悪化するおそれがあります。そのため本件のような状況では、復職にあたって異動させることが望ましいと言えます。厚生労働省の「事業主が職場における性的な言動に起因する問題に関して雇用管理上講ずべき措置についての指針」（通称「セクハラ指針」）にも、ハラスメントの有無にかかわらずトラブルの再燃を防ぐために、人事的措置を検討することが推奨されています。しかし、これらの措置を休職者が望まない場合はどうすればいいのでしょうか。明らかに病気の悪化や人間関係トラブルが発生しうる状況であっても、本人が希望したら同じ部署に復職させなくてはならないのでしょうか。

さらに、ハラスメント被害を訴える従業員が、第三者に対しては逆に加害者となっている疑いがある、といった状況も時々目にします。

本ケースの考え方

●ハラスメントか否かを確認する

まずハラスメントの判断はコラム⑥（98頁）でも述べた通り、平均的な従業員が被害者の立場になった際にどのように感じるか、という基準に沿って考えます。そのため、加害者と被害者だけではなく、職場の同僚など多くの関係者の意見を確認することが大切です。本件では複数名の関係者に聞き取り調査を行ったところ、上司の行為に一部問題があったと認定されました。この点については上司に認定結果を説明し、改善を指示することが必要です。

一方で本件では、「暴力を振るう」「繰り返し人格を否定する発言をする」などの明確なハラスメント行為は見つかっていません。そのような場合、会社としてはメールなどで記録が残っていなければこれ以上調べる方法もないため、結論として（一部に不適切なマネジメントはあったものの）パワハラではなかったと判断することは合理的でしょう。

なお、被害者側が訴訟や労災申請などの法的対応をちらつかせて、会社から自分に有利な判断を引き出そうとするケースも散見します。しかしパワハラの事実が確認できないのであれば、会社がトラブルを避けようとしてパワハラ行為を認めるかのような対応をするのは望ましくありません。ハラスメント認定は「加害者が違法行為をした」という認定と同義です。不用意に会社が認めることは、加害者と名指しされた従業員の権利を害し、かえって問題を大きくしてしまう可能性があるので注意してください。

●伝え方に配慮する

ただし、Oさんが上司との人間関係をきっかけに体調を崩したのは事実であり、調査結果の伝え方については過度にOさんの気持ちを傷つけないよう注意する必要があります。特に被害者側がメンタルヘルス不調を発症している場合は、抑うつ症状の悪化や最悪の場合自殺企図につながってしまうおそれもあります。「調査結果を総合的に検討してハラスメント行為はなかったと判断しましたが、一部に不適切なマネジメントがあったことも確認しました。上司にはマネジメントの問題点を注意し、より良い対応をするよう促しました」など、少しでも納得感の得やすい説明をするように心がけてください。

●異動について検討する

次にOさんの人事異動についてはどのように考えるべきでしょうか。まずハラスメント認定の結果にかかわらず、職場の人間関係が原因で大きなトラブルが発生したのは事実です。お互いが十分に歩み寄れないのであれば、同じ状況で仕事を続けてもらうのは難しいと考えるべきでしょう。仮にハラスメントが認定されたのであれば、被害者に落ち度はありませんので、加害者側である上司を異動させるのが本筋です。

一方でハラスメントではないと判断した場合には、通常のメンタルヘルス不調の復職対応と同様に、復職者を異動させるのが一般的です。人事権は会社が有しており、明らかに不合理なものでない限り従業員はそれに従う義務があります。よって本件ではOさんに別の部署への異動を命じて問題ありませんし、それを拒否するのであれば復職させなくても会社に非があるとはいえません。

ただ、Oさんが実際に困っているのは事実ですから、杓子定規な対応だけではなく、お互いが納得できる落としどころを探すことも必要です。会社として「できないことはできない」と伝えた上で、本人の要望を繰り返し確認してみてください。Oさんが受け入れるかどうかは別として「別の部署ですが、今までのキャリアが生かせるこんな仕事はどうでしょうか？」といった提案をしてみるのも一案かもしれません。

●Oさん自身の問題点を共有する

なお本筋から離れますが、Oさんが他の従業員に対しハラスメント行為をしていた可能性もありそうです。様々な問題を一緒に取り上げると複雑になりすぎて解決が遅れることもありますが、本件のような事例ではOさんにも自身の問題点を理解してもらうことが、スムーズな復職につながります。休職者に厳しい話をする際には、最も体調が落ち着いている復職のタイミングで行うことが原則ですので、復職について話し合いを進めつつ、調査結果に基づきOさん自身にも不適切な行動があったと会社が考えていることを伝え、同様の問題が生じないよう注意するよう促してください。

実際の経過

Oさんの気持ちは汲み取りつつも、関係者に聞き取り調査を行った結果として、上司の行動にパワハラに該当する事実はないと判断したことを伝えました（併せてOさん自身の問題行動についても注意を促しました）。一方で、上司に一部不適切な言動があったことは認め、厳重に注意して改善を指示したことを説明しました。

復職については、全く同じラインでの復帰は会社の安全配慮義務の観点から難しいこと、本件を理由に上司を異動させることもできないことを伝える一方、異動先を複数提案して、Oさんに選んでもらうこととしました。当初Oさんは自分の要望がかなわないことで不満を示しましたが、最終的には総務部で経理の知識を生かせる仕事に就いてもらうことで合意し、無事復職に至りました。復職後は特に問題なく勤務しており、新しい職場の同僚との関係も概ね良好です。結局元上司や会社を訴えるようなこともありませんでした。

本ケースから学ぶべきこと

企業のメンタルヘルス対策を考える上で、ハラスメントの問題は避けて通ることができません。ハラスメント認定のハードルは年々下がっている（ハラスメントが認められやすくなっている）ため、昔の感覚で働いている上司と若い部下との間で、許容される行為の認識が異なることをしばしば経験します。職場の人間関係トラブルを放置すると、ハラスメントと認定された場合は安全配慮義務違反として会社の責任問題になりますし、そこまで至らなくても従業員の間にしこりが残り職場環境が悪化してしまいます。管理職研修や経営層の意思表明などを通じて、ハラスメント問題を起こさない社風を作っていきましょう。

ケース16

復職後の役職が問題となったPさんの事例

　Pさんは、従業員数1,500人の素材メーカーの営業部長である54歳男性です。5年前に東北にある同業他社から転職し、業績が評価されて1年前に部長職に昇進しました。自宅は仙台ですが、昇進を機に東京で一人暮らしをしています。Pさんは以前から残業が長い傾向がありましたが、マネジメントの負担増加に加えて単身赴任になったことで帰宅時間が遅くなり、土日出社も多かったようです（具体的な残業時間は不明です）。

　半年ほど前から業務が遅れがちになり、部下から不満の声があがるようになりました。上司である本部長が体調確認をしても「大丈夫です」の一点張りでしたが、2ヶ月前に営業訪問の日時を間違え、大口の顧客からクレームが入りました。またクレーム対応中に涙を流すなど、明らかに気分が不安定になっていたため、本部長が医療機関受診を指示したところ「抑うつ状態で要休職」との診断が提出されました。その後自宅療養となりましたが、1ヶ月を過ぎたころに「そろそろ復職したい」との希望を会社に伝えてきました。

Pさんの主張

途中入社であるのに責任ある地位につけてもらい、頑張りすぎてしまいました。慣れない土地で家族のサポートが得られなかったことも病気の一因かもしれません。休職し始めたころは死にたいぐらい気持ちが落ち込みましたが、今は良い体調で過ごせています。主治医にも勧められ、早起きして毎日図書館で勉強しています。これ以上周囲に迷惑をかけられませんし早めに復職したいです。心配をかけるのが嫌で、休職していることは家族に伝えていません。原職で頑張りたい気持ちはありますが、自分の能力以上の仕事だったとも感じています。異動などの対応については会社の指示に従います。

人事労務担当者の懸念

能力の高い社員であり、復職は歓迎します。ただ、マネジメントは苦手なようで、部下との折り合いも良くありませんでした。すでに部長代理が元の業務をしており、原職復帰は難しいと考えています。一方で、今後どんな役職につければいいか悩んでいます。すぐに他部署の部長職が務められるとは思えません。降格や自宅のある仙台への異動も一案ですが、いずれも部下だった人の下で働くことになり、お互い居心地が悪くないか心配です。

本ケースの問題点

メンタル不調者への対応は肩書きで変わるものではありませんが、管理職に特有の問題として次のような点があります。

- 就労をしっかり管理・支援できるサポーターがいない（または少ない）
- マネジメントそのものが負担になっている場合に、業務調整することが難しい
- 休職中に戻るべき地位がなくなってしまう場合がある
- 異動対応をしようとすると降格を伴うことが多い
- 異動や降格をした場合に地位の逆転が生じ、職場の関係がギクシャクすることがある

Pさんは能力を高く評価されていますが、それでも業務負荷の増大や家族のサポートを受けられなくなったことをきっかけに体調を崩してしまいました。Pさんは復職を希望しており、会社も支援する気持ちを持っていますが、これらの問題に対してどう対応するべきか考えてみましょう。

またテーマ以外の問題点として、Pさんは家族にすら相談しないなど、真面目すぎて周囲のサポートを受けるのが苦手なタイプに見えます。1ヶ月程度での復職希望もやや焦っているような印象を受けます。このような従業員にはどう対応すればいいでしょうか。

本ケースの考え方

●復職部署や役職の検討

他の事例と同様に、生活リズムや抑うつ症状をチェックして、復職できる体調か否かを確認することが第一です。その上で、復職の原則である原職復帰が可能であるか検討してみましょう。

本ケースではマネジメントのストレスが、メンタルヘルス不調の発症に影響しています。また既

に代理の人が業務を引き継いている状況であり、原職復帰はかえって職場の混乱をもたらすおそれがあります。したがって原職復帰は困難と思われるため、異動を検討せざるを得ないでしょう。ただし異動といっても、一般的に他の部署の管理職枠が都合よく空いていることはほとんどありません。またマネジメントが原因で体調を崩したのであれば、同じような業務を与えることが再発リスクにつながりかねません。よって本ケースでは一時的にであっても降格するか、部下をつけない管理職（特任部長など）などに異動させるのが次善の策として望ましい対応と思われます。

●降格を検討する際の注意点

メンタルヘルス不調を理由とした降格に抵抗感がある人事労務担当者は少なくありません。しかし中途半端な配慮はかえって本人の不利益になる場合もあるので、「降格」と「職務等級の変更」をしっかり分けて考えましょう。日本の会社で多い職能資格制度を採用している会社では、給与のベースとなる職務等級を下げることは労働契約の不利益変更に当たり、原則として本人の同意がないとできません。一方で本件のように管理職としての業務が難しいと判断するのであれば、役職を下げることは会社の判断で問題ありません。つまり「降格することは会社の判断で可能だが、管理職手当など以外の、給与のベースとなる職務等級を安易に下げることはできない」と考えてください。

なお、職務等級は落とせないわけではありませんが、業務能力の低下が一過性のものではないことを会社側が証明する必要があります。一般的に、メンタルヘルス不調は病気が治れば業務能力が回復すると考えられるため、原則として職務等級を下げることは認められないと考えてください。

また本人の希望や会社の判断によっては、復職直後の体調が万全ではない時期に一時的に管理職を外れてもらい、しばらく様子を見て体調が落ち着いていれば速やかに再昇格を行う、といった対応もあり得るかと思います。いずれにしても先が見えない状況が続くと不安が強くなりやすいので、復職が可能な体調だと判断したら、早めに人事的対応についてよく相談するようにしてください。

●「過剰適応タイプ」の問題点

Pさんのような「真面目な性格で周囲に迷惑をかけることを極端に避けようとする」人は過剰適応タイプと呼ばれ、メンタルヘルス不調をきたしやすい類型の一つです。過剰適応タイプの人は、仕事に熱心に取り組むため概ね周囲の評価は高いのですが、仕事を断るのが苦手で慢性的に長時間労働を続けているうちに体調を崩す、といった問題を起こしやすい傾向があります。また復職を焦りすぎる傾向があったり、自分から家族や上司にサポートを依頼するのが苦手である点も、メンタルヘルス対策の障害となる場合があります。上司や会社は従業員の性格傾向を見極め、過剰適応タイプの従業員には早めに声かけしたり、残業を厳格に制限するといった工夫をしてみてください。

実際の経過

Pさんの体調改善を十分に確認した上で、「会社はPさんを必要な人材と考えていること」「一方ですぐにマネジメント業務に戻すことに不安を感じていること」を伝えました。そしてPさんとも相談の上で、一度部長職を外れてマネジメントのない業務形態で復職を目指す方針としました。具体的には、総務部に「専任部長」というポストを新たに創設し、職位が変わらない状況でゆっくり仕事に慣れてもらうよう方向付けをしました。体調が回復すれば再度ポストを検討することを伝えたこともあり、Pさんは安心して復職できました。なおPさんの性格を考慮し、週1回は上司が面接をして体調を確認するとともに、長時間労働や休日出勤を禁止するなど、復職後も再発予防を続けています。

本ケースから学ぶべきこと

管理職は残業代がつかず自らの労務管理の意識が希薄なため、長時間労働対策が不十分になりがちです。しかし管理職であっても長時間残業は許容されませんし、万一心身の不調をきたした場合は一般従業員以上に影響が大きくなることがあります。管理職になる30～50代の人は、育児や介護などでプライベートのストレスもかかりやすい世代であり、メンタルヘルス不調のハイリスク世代ともいえます。職場のメンタルヘルスケアの中心であるラインケアを担う管理職世代の心身の健康を保つことで、職場全体の環境改善につなげる意識を持って労務管理に取り組んでください。

ケース17　復職時期が問題となった非正規社員Qさんの事例

Qさんは従業員数２，０００人の総合商社の事務職の契約社員である32歳女性です。契約は年１回の更新で、現在は２年目の契約期間が始まって９ヶ月目です。

１年目は大きな問題もなく勤務していましたが、２ヶ月前（契約２年目の７ヶ月目）に体調不良を理由とした欠勤が数回あり、その後に抑うつ状態の診断で休職に入りました。休職後しばらくの間は会社と連絡を取り合っていませんでしたが、翌年度の契約更新の希望について問い合わせたところ、Qさんは復職診断書を提出して復帰を希望しました。

Qさんの主張

上司から「仕事が遅すぎる」「ミスが多い」と何度も叱責され、さらに３ヶ月ほど業務が忙しい時期が続いたことで、不眠や抑うつ気分が強くなり体調を崩していました。これまでも契約社員として４社ほど経験していますが、体調の問題で休んだことはありません。積極的に仕事をしたいわけではありませんが、経済的な事情からできるだけ早い復職を希望します。ただ今の上司の下で働き続けられる自信はないので、異動などの対応を検討してもらいたいです。体調は徐々に改善していますが、終日家で横になっている日もあります。一人暮らしなので、誰かと会話することはほとんどありません。

人事労務担当者の懸念

上司は厳しい性格ですが、Qさんの働き方に問題があったことも確かなようです。復職後の業務量には、ある程度配慮できます。ただ原職の事務作業担当者として雇用しているので、異動や配置転換には対応できません。従前の通りに仕事ができるなら再契約の方針ですが、そろそろ復職できないと来年度以降の契約更新は難しいと考えています。

本ケースの問題点

非正規社員のメンタルヘルス対策には、正社員と異なるポイントがいくつかあります。たとえば、正社員の場合は体調を崩しても半年から1年程度は休職できる会社が多いですが、非正規社員では契約期限の問題で長期の休職が難しいことが稀ではありません。また非正規社員は雇用契約の段階で具体的な業務内容が決まっていることが多いため、仮に職場との相性が悪くても他の部署に異動させることが難しいケースもあります。さらに給与を保障する傷病欠勤制度などの対象外だったり、契約更新の可否といった問題から、不十分な体調で復職を焦る従業員が珍しくありません。本件では非正規社員の特別性を前提に、適切なサポート方法について考えてみましょう。

本ケースの考え方

●回復状況をしっかり確認する

非正規社員の復職事例であっても、体調回復の有無を慎重に確認して適切な時期に復帰してもらうことや、病状に合わせた配慮を行うことといった会社が取るべき姿勢は変わりません。本件でも、まずはQさんの体調が本当に復職できる程度まで回復しているかが問題となります。

その点、Qさんの抑うつ症状は改善傾向を認めるものの、日常生活は不規則で外出頻度が少ない状況が続いています。昼寝をしている点などからも、日中の活動性が十分でないことが予想されます。復職した場合は毎日出社し、さらに一定程度の業務をこなすことが求められることを考えれば、客観的に見て現状のQさんの体調では、早期の復職は難しいと言わざるを得ないでしょう。

●非正規社員特有の問題も考慮する

一方で、非正規社員は比較的短期で契約更新を繰り返しているため、復職を認めないことが契約更新しないことに直結することが多い、という問題があります。客観的に労務が難しいように見えても、本人が復職を希望し復職可能との診断書が提出されている状況では、復職を許可しないことは、会社が理不尽に辞めさせようとしているように受け止められてしまうおそれがあります。

そういった誤解を防ぐため、一つの手として試し出社をしてみる、という方法があります（試し出社については112頁を参照）。雇用契約期間が残っていれば、たとえば2～3週間程度、休職期間中に会社に来てもらって体調を確認してみましょう。このような期間を置くことで、本人にとっては復職へのハードルを下げることができますし、会社にも復職の可否をある程度客観的に判断することができるようになります。

●非正規社員の異動希望への対応

異動については悩ましいところです。従業員のメンタルヘルス不調は職場環境に対する不適応が一因であることが多いため、再発予防には環境調整が有用である場合が少なくありません。ただ非正規社員の場合は業務範囲を決めて労働契約を結んでいることが多いため、原職以外の業務を本人のために用意することは、会社の法的な義務ではありません。他の非正規社員でも同じような状況が生じる可能性があるので、仮に異動を認める場合は今後も同様の対応が可能なのか、十分に考えておく必要があるでしょう。異動対応が難しいのであれば、そのことをしっかりと伝えるとともに可能な範囲でサポートできることを検討し、本人の納得感をできるだけ高めることも大切です。

●労災認定の可能性

なお、Qさんは長時間労働や上司のパワハラ的対応が、病気の悪化につながったと考えているようです。仮に法定外労働時間が月80～100時間を超えるような長時間残業があったり、ハラスメント行為が行われていたことが明らかになった場合は、本件は労災にもなり得る事案です。仮に労災が認められた場合は、本人の体調にかかわらず会社が一方的に契約更新を打ち切ることが、違法行為となる可能性があることも覚えておいてください。

実際の経過

まずQさんの業務時間を正確に把握するとともに職場で上司や同僚に聞き取り調査を行い、違法な長時間労働やハラスメントはないことを確認しました。

次に自宅での生活状況を記録してもらい、Qさんの日常生活強度が復職できる程度に改善しているかチェックしました。その結果、やはり今のタイミングでは復職は認められないという判断に至り、それをQさんに伝えました。一方で、2～3ヶ月以内に復職できるのであれば今後も契約を更新することを説明し、体調確認のため休職期間中に試し出社を行ってもらうことを勧めました。また契約の関係でQさんが希望した異動対応はできないものの、相性の悪い上司と直接話す機会を減らすため、間に他の正社員に入ってもらうことにしました。

人事面接から1ヶ月ほどでQさんの生活リズムが改善したため、2週間の試し出社を実施した上で復職を許可し、来年度の契約も更新しました。復職後は残業時間の管理を徹底し、上司との接点も減らしたことから、以前よりも明るい表情で勤務を継続することができています。

本ケースから学ぶべきこと

これまでの日本の雇用契約は長期雇用・年功序列が一般的であったことから、労働衛生に関連する制度の多くが正社員を前提に作られています。しかし現在は賃金労働者の約4割が非正規雇用となっており、非正規社員に対するメンタルヘルス対策が喫緊の課題となっています。ただし非正規社員と一口に言っても、契約社員や派遣社員、パートなど様々な雇用形態があります。本ケースでは正社員に近い働き方をしている契約社員の事例を挙げましたが、パートなどの短時間雇用では望ましい対応が違ってくる場合もあります。自社で働いている人たちの契約内容を確認し、どの従業員にも合理的な範囲でサポートできるような仕組みができているか確認してみてください。

なお2013年に施行された改正労働契約法により、有期雇用契約であっても5年間以上継続的に雇用されていた場合は、当人の申し入れがあれば無期雇用への転換が義務付けられることになりました。無期雇用に転換された場合は、会社が簡単に契約を終了することができなくなるため、より慎重な対応が求められます。また無期雇用への転換までには至らなくても、たとえば3ヶ月程度の短期間での更新が繰り返されている場合、何度も契約更新している従業員の「契約更新への期待権」をどう判断するかという問題もあることを覚えておいてください。

何にせよ、非正規社員だからといって簡単に契約を打ち切ってよいわけではありません。非正規社員がいきいきと働ける職場は、正社員にとっても居心地の良い環境です。正社員の場合と同様に健康に働き続けてもらうため、会社として可能な限りのサポートを検討するようにしてください。

ケース18
育児とメンタルヘルス不調が重なったRさんの事例

Rさんは従業員数５００人の居酒屋チェーンの店舗スタッフ正社員です（27歳女性・入社４年目・現在育休中）。以前から体調不良を理由とした欠勤が目立っていたのですが、1年前に突然無断欠勤が続き連絡がつかなくなりました。その後1週間ほどしてから会社に「仕事のストレスによる抑うつ状態で休職を要する」という内容の診断書が届きました。休職後は徐々に抑うつ症状が改善していましたが、３ヶ月目にRさんの妊娠が判明しました。休職直前に妊娠していたようですが、Rさんはそれに気が付かなかったそうです。つわりなどの影響もあって復職手続きは一時中断し、そのまま産休に入りました。

Rさんは無事出産し、出産後3ヶ月ほどしてから復職希望の連絡がありました。Rさんは夫と子供の三人暮らしですが、双方とも両親は地方在住で子育てのサポートが得られない状況です。会社としては本当に復帰できるのか懸念しています。

Rさんの主張

１年前は仕事が忙しく、精神的に追い詰められてしまいました。休職後は徐々に体調が回復して復職意欲も出ていましたが、妊娠が判明したのでそのまま産休・育休に入っています。子育てでずっと家にこもっているのは精神的に辛く、経済的事情からも早く復職したいです。出産後に不眠や抑うつ症状が少し悪くなったので現在も心療内科に通っていますが、仕事には支障ありませんし、むしろ早めに復職した方が不安が減り体調も良くなると思います。子育てとの両立は保育園などを活用すれば大丈夫ですが、深夜業務は難しいので、日勤帯の仕事に異動させてもらうなどの配慮を希望します。

人事労務担当者の懸念

Rさんは復職を強く希望していますが、当社は夜間業務がメインの居酒屋チェーンであり、実家等のサポートがない状況で働きながら子育てをするのは不可能ではないでしょうか。またメンタルヘルス不調が完全に治っていない点も心配です。数ヶ月程度であれば日勤帯勤務に配置転換するなどのサポートは可能ですが、もともと居酒屋の店舗スタッフとして雇用しており、長期間にわたり配慮を続けるのは難しいです。

本ケースの問題点

本ケースでは一般的なメンタルヘルス問題に加えて、妊娠および出産後の従業員へのサポートが問題となっています。今回は後者を中心に考えてみましょう。まず男女雇用機会均等法に規定されている通り、妊娠や出産を理由とした不利益取扱いは原則としてマタニティハラスメント（マタハラ）になります。

この点については2014年に出たマタハラに関する初めての最高裁判決に基づき、厚生労働省が以下のような解釈通達の改正を行っています。

原則　妊娠・出産、育児休業等を契機として行った不利益取扱いは、男女雇用機会均等法、育児・介護休業法に違反し違法である

例外①　業務上の必要性など特段の事情があり、実質的に法の趣旨に反するものではないと認められる場合

例外②　一般的な労働者であれば同意するような合理的な理由が客観的に存在する場合

今回のケースはどうでしょうか。会社が育児を理由に復職を認めないことは、従業員にとって極めて不利益が大きく、普通に考えれば復職拒否は違法な対応（つまりマタハラ）になりそうです。一方で「深夜業務ができないと仕事にならない」という点や、育児とは別の問題として「メンタルヘルス不調が改善していないと復職させられない」といった会社の主張にも一理あります。また、深夜業務がベースラインの働き方である本件のような会社で、育休明けであることを理由にどの程度業務上の配慮をする義務があるのか、という点も問題になります。

本ケースの考え方

●育休後の就業上の配慮

このような複雑なケースでは、問題点を区別して考えることをお勧めします。まず育休後の復帰についてですが、原則として育児を理由とした復職拒否は許されません。一方で、どの程度の就業上の配慮をすべきかについては、合理的な範囲で会社の裁量が認められています。労働契約の内容にもよりますが、会社として不要な仕事を新たに作る義務はありませんし、日勤帯で働ける間接部門等に人員が足りているのであれば、その部署に異動させる義務もありません。ただ、復帰後一定期間は早めに帰れるようにするなど、ある程度の配慮は常識的に求められるでしょう。最近は男性の育児参加を積極的に推奨する会社も増えてきたので、他社で働いているRさんの夫がどの程度育児の負担を共有できるかも確認して、具体的な配慮事項を検討しましょう。

なお、仕事と育児の両立の可否は本人が考えることであり、会社が判断すべき問題ではありません。会社としては一定のサポートを約束した上で本人の気持ちを尊重するのが望ましい対応です。

●メンタルヘルスの問題

一方で、メンタルヘルスの問題については別に考える必要があります。本ケースの問題は「復職できる程度に体調が回復しているか否か」という点と、「どの程度の就業上の配慮が必要か」といった点です。前者については、主治医に復職診断書を作成してもらった上で産業医面接につなげて、詳細を確認するのが望ましいでしょう。また休職時の診断書に「仕事のストレスにより抑うつ状態になった」と記載されていることを考慮すれば、後者（就業上の配慮事項）についても主治医から意見をもらっておくべきです。ただしメンタルヘルス不調者に対する就業上の配慮についても会社の合理的な裁量が認められますので、本人の要望や主治医の意見に必ずしも従う必要はありません。本ケースでいえば、ある程度の配慮期間を経た上であれば、夜間勤務に入ってもらうことを復職の条件としても問題ないでしょう（育休後の復職に関して説明したことと同じ結論です）。

復職に際しての就業上の配慮については、労使間で認識の相違が大きくトラブルの原因になりやすいため、できれば会社が対応可能な配慮についてあらかじめ内規等で定めておき、主治医にも早めに情報共有するのが望ましいです。

実際の経過

Rさんがほとんど一人で育児をこなしていることから、メンタルヘルス不調は復職可能な程度に回復していると判断しました。日勤帯のみの職場に完全に異動させることは難しいことを伝えた上で、復職支援策をRさんと相談し、「1年間は本社部門（日勤帯業務）で復帰し、その後は徐々に店舗業務に移行する」一方、「メンタルヘルス不調や勤怠不良の問題が再燃した場合には再休職を命じる」というプランを策定しました。主治医にも復職支援プランを共有の上で復職診断書を提出してもらい、復職面接の1ヶ月後に復帰しました。

運よく保育園に入れたことや夫の手厚いサポートもあり、半年ほどは問題なく業務を継続しましたが、不眠などのメンタルヘルス不調症状が慢性的に続いていたことに加え、育児を優先したいとのRさんの希望もあり、最終的には退職することになりました。結果的にRさんは長期的に仕事を続けることができませんでしたが、半年でも問題なく復職できたことが自信につながり、前向きな気持ちで次のステップに進むことができました。

本ケースから学ぶべきこと

働く女性を守ることは世界的な潮流となっており、法律上も出産や育児を理由とした不利益は原則として禁止されています。一方で、過度な配慮は周囲の負担や不満につながる可能性もあるため、誰もがある程度納得できる落としどころを探していくことが大切です。本件のようなメンタルヘルス不調の合併した休復職事例でも同様ですが、問題が生じてから対応を後追いで考えるのはトラブルの原因になります。あらかじめ内規、就業規則などで復職判定基準や就業上の配慮ができる内容・期間について定め、従業員に周知しておくことが望まれます。

なお2017年1月から、マタハラ防止措置を就業規則に規定することが義務化されています。まだ対応していない会社があったら、早急に就業規則の内容を確認して適切に修正してください。

ケース19
障害者雇用枠で就労しているSさんの事例

Sさんは従業員数1,500人のIT企業の総務部門に所属する28歳女性です。実家は関西ですが、今は東京の社員寮で一人暮らしです。統合失調症の既往があり、障害者雇用枠で2年前に入社しました。半年ごとの契約更新で主に事務作業を担当し、月2〜3日ほど体調不良による欠勤があるものの、概ね順調に仕事を続けていました。しかし2ヶ月前から突然無断欠勤が続き、電話やメールをしても連絡がつかなくなりました。上司が心配して社員寮の部屋を訪問しても返事がないため、母親に状況を説明し連絡を依頼したところ、欠勤後1週間してからようやく本人より会社にメールがありました。「統合失調症の妄想症状が悪化して外出できませんでした」とのことで、休職診断書も提出されました。その後は上司が定期的に連絡を取り合っていますが、「壁の向こうから自分の悪口を言っているのが聞こえます」といった被害妄想的な幻聴の訴えが続いています。

Sさんの主張

ここ数年は体調が安定しており、通院をやめて薬も内服していませんでした。2ヶ月前から道を歩く人の視線が気になり、悪口を言われているような気がして、外出することができなくなりました。現在は治療を再開し、妄想症状は少しずつ改善しています。ただまだ不安が強く、週に2日ぐらいしか外に出られません。家族と仲が悪いため、療養中も社員寮で一人暮らしを続けたいです。体調が良くなったら早めに復職したいと考えています。

人事労務担当者の懸念

今までは比較的安定して勤務できており、障害者雇用としては十分なアウトプットが出ていました。障害者雇用枠の従業員はすぐに辞めてしまう人が多く、勤務を続けてもらうに越したことはありません。ただ急に連絡がつかなくなってしまうと非常に困りますし、被害妄想が続いている状況での復職は難しいと思います。また会社の社員寮で一人で療養しているのも心配です。会社としては療養中の問題について責任を取れませんし、今後も長期間復職できないなら、来月で契約を打ち切り、退寮してもらうしかありません。

本ケースの問題点

障害者の社会的・経済的自立を促すため、日本では積極的な雇用を促すことを目的に障害者雇用制度が定められています。以前は身体障害者や知的障害者が対象でしたが、２０１８年4月に施行される改正障害者雇用促進法により、統合失調症やうつ病などの精神障害者も、障害者雇用制度の対象に含まれるようになります（現在でも精神障害者を雇用率に算定することは可能です）。法定雇用率が引き上げられることに加え、もともと障害者の人数は精神障害者が圧倒的に多いため、今後はどの会社でも精神障害者の雇用が増え、適切な対応が求められるようになります。

一方で精神障害者は人によって病状が大きく違うことや、病識に乏しい人も少なくないため、身体障害者や知的障害者に比べて雇用しにくいと感じている人事労務担当者が多いようです。見た目では障害を持っていることが分からず、症状の個人差や変動が大きい精神障害者の雇用についてどのように対応していくべきか、本ケースを通じて考えてみましょう。

本ケースの考え方

●健常者と同じ対応が原則

一般従業員の雇用と障害者雇用の違いは何でしょうか。障害者雇用制度が求めているのは法定雇用率以上の障害者を雇用することだけであり、障害者だけ特別に契約体系を変えることは必須ではありません。しかし障害者の従業員は十分なアウトプットを求めることが難しいケースが多く、一般従業員と同じ待遇では会社の負担が重くなるだけではなく、負担を肩代わりする一般従業員の不満が高まり、かえって職場のサポートを受けにくくなることも予想されます。よって多くの会社では別枠を設けて障害者を雇用しており、仕事の負荷が少ない代わりに給料も少なめであることが一般的です。また無期雇用ではなく有期雇用を更新しながら慎重に経過を見る会社が多いようです。

当然ながら障害の程度によって与えるべき仕事の量や質は異なりますが、従業員への労務対応という意味では障害者と健常者で違いはありません。つまり本人の体調や病気の性質を考慮した上で、「配慮すべきことは配慮し、できないことははっきり伝える」という原則を守ることが重要です。

●復職のタイミング

Sさんは早めの復職を希望していますが、被害妄想や視線恐怖といった統合失調症に典型的な症状が続いており、日常生活の強度も十分と言えません。妄想症状が改善すれば、週3～4日程度の勤務にしたり、勤務時間を短くしてラッシュ時間帯を避けて通勤できるようにするなどの就業上の配慮で、うまく仕事が続けられる可能性があります。ただ、障害者雇用制度では重度の障害者を除き週30時間以上勤務しないと1名分としてカウントできませんし、Sさんが自分の収入で一人暮らしを続けたいのであれば、短時間勤務で収入が減ることが適切とも言い切れません。

また、勤怠が安定しない状況や精神的に不安定な状態で復職させると、本人の健康リスクを高めるだけではなく、周囲に悪影響を与える可能性もあります。本ケースでいえば、Sさんが職場の同僚から悪口を言われているような妄想を抱き、同僚とトラブルになることも想定されます。障害者雇用であっても、期待される就労が可能な程度に体調や生活リズムが改善するまでは、復職を認めるべきではないでしょう。

●病状に配慮した柔軟な対応を

復職を認められない場合、そのまま契約を打ち切るべきでしょうか。精神疾患は症状に波があって再発と寛解を繰り返すことが稀ではありません。Sさんは職場復帰を希望しており、会社としても働きぶりを評価している訳ですから、今後の回復具合を確認せずに雇用継続を諦めるのは決断が早すぎるように思えます。別の人を採用しても継続的に勤務できるか分かりませんし、今回は契約を更新し、もう少し様子を見るのも一案ではないでしょうか。仮に一度契約を打ち切るとしても、体調が回復したら再雇用を検討することを約束するなど、病状に配慮したサポートが望まれます。

●休職期間中の療養場所

仮に契約更新する場合は、休職中の療養にも注意が必要です。原則として休職中は会社の管理範囲外であり、安全配慮義務の問題は生じにくいのですが、社員寮で生活している場合は、万一自傷他害行為などがあれば大問題になります。またSさんの意見はともかく、一般論としては家族のサポートがある環境の方が療養に適しています。休職中は退寮を命じて、実家に帰ってもらうべきでしょう。

実際の経過

会社としてSさんを高く評価しており、体調が回復すれば是非勤務を続けてもらいたいことを伝えました。一方で統合失調症の妄想症状が残存している現状では、仕事よりも体調回復が重要であり、このタイミングでの復職は認められないことも説明しました。Sさんの就業継続に対する希望が強いことも考慮し、「休職中であっても今回は契約を更新する」「ただし休職中は退寮してもらい実家で療養する」こととし、しばらく体調の変化を確認する方針としました。

その後3ヶ月ほどで、Sさんの幻聴や妄想はほぼ消失しました。人事労務担当者が面接した上で、しっかり治療を続けることを前提に復職を許可しました。その後も問題なく勤務を継続しています。

本ケースから学ぶべきこと

障害を持った従業員のメンタルヘルス不調には特別な対応をしなくてはならない、と考える人が少なくありませんが、必ずしもそうではありません。復職の際には一般の従業員と同様に、「安定して仕事を続けられる体調か否か」という基準で就労の可否を判断すればよいのです。この原則は障害の有無や種類によって変わることはありません。

もちろん精神障害の症状は不安定な経過をたどりやすいため、どうしても特別な配慮が必要になる場合があります。しかし、一般従業員でも調子を崩して一時的に業務の軽減が必要になることもあるでしょう。障害者にとって優しい職場は一般従業員にとっても居心地の良い環境であることを理解し、誰もが安心して働ける職場づくりを目指してください。

ケース20 在宅勤務を希望するTさんの事例

Tさんは、従業員数7，０００人の自動車部品会社のシステム開発部門に所属する27歳男性です（一人暮らし）。この会社では1年前に全従業員を対象とした在宅勤務制度がスタートしました。上司の許可があれば週4日まで在宅で勤務が可能で、就業時間はパソコンログで管理することになっています（週1日のみ出社義務あり）。Tさんも在宅勤務を申請して認められており、週4日間は自宅で作業をしていました。

しかし、半年前からTさんの勤務時間帯が乱れ始め、深夜や休日にもパソコンを起動することが増えてきました。一方で昼過ぎまで何もしない日も多く、ログで見ると残業時間は月30時間程度です。上司が注意を促しましたが変化はなく、さらに3ヶ月前からは出社義務日にも遅刻や欠勤などの勤怠不良が目立つようになりました。最近になって仕事のミスが増えてきたため上司が再度注意したところ、「抑うつ状態の診断で治療中である。就業継続は可能だが、業務量を軽減する必要がある」との診断書が提出されました。

Tさんの主張

昼夜なく仕事をしているうちに体調を崩してしまいました。インターネットに接続せずに仕事をしていた時間もあるので、実際の残業時間は月100時間を超えていると思います。在宅勤務では何時でも仕事ができるので、生活リズムが夜型にシフトしてしまったことも体調悪化の一因かもしれません。業務を減らしてもらえれば、仕事を続けられる自信はあります。ただ片道2時間かかる通勤の負担が重いので、在宅勤務を続けたいです。

人事労務担当者の懸念

業務量は以前と変わっていないはずですが、在宅勤務になり集中して仕事ができなくなっているのかもしれません。隠れて残業するようなケースは発見が難しく、Tさん以外でも労働時間管理に苦慮しています。適切に業務時間を自己管理できることが在宅勤務の前提であり、就労制限が必要な従業員は在宅勤務制度の対象外です。通勤すら大変な体調なら、中途半端に仕事を続けるのではなく、一旦休職して療養に専念すべきだと思います。

本ケースの問題点

「働き方改革」の一環として、在宅勤務制度を導入する企業が徐々に増えてきました。また最近は正社員の副業や兼業を認める企業も散見されます。このような柔軟な勤務体系は、副収入を得ることや単なるワークライフバランスの向上にとどまらず、副業による新たな職業能力の獲得や、育児や介護、がん闘病などでフルタイムの出勤が難しい労働者の社会参加にも資するものであり、概ね歓迎すべき変化です。一方、日本の労働法制は「毎日出社する正社員」を念頭に置いて策定されており、特に従業員の健康管理との兼ね合いでは注意すべき点が少なくありません。すぐに思いつく問題だけでも次のようなものが挙げられます。

- ラインケアが不十分になり、メンタルヘルス不調を見逃すおそれがある
- 生活リズムが乱れて、体調を崩しやすくなる
- 労働時間の把握が困難となり、長時間労働につながる可能性がある
- 従業員に労災事故が発生した場合、責任の所在がはっきりしない可能性がある
- 本業と副業の会社で社会保険料などの負担をどうするか、明確な決まりがない

本ケースでは、在宅勤務の導入によって十分な残業時間管理ができなかったことや、生活リズムが乱れたことにより、メンタルヘルス不調を発症してしまいました。Tさんは業務量を制限した上で在宅勤務の継続を希望しているようですが、会社としてはどのように対応すべきでしょうか。

本ケースの考え方

●メンタルヘルス不調と在宅勤務

在宅勤務制度を導入している企業の多くは、無制限に在宅勤務を認めているわけではありません。心身の不調をきたして就業上の配慮が必要だったり、業務時間管理が適切に行えない従業員については、一時的に在宅勤務を禁止して通常の出社を指示することは、原則として適切な対応でしょう。

一方、メンタルヘルス不調者は朝に弱い傾向があり、定時に出社するのが辛い人が珍しくありません。また満員電車での通勤自体も強いストレスになります。そのため在宅勤務の継続を強く希望することが多く、サポートする立場の主治医もそれを支持しがちです。

実際にどう対応するか難しい問題ですが、一般的には原則に合わせて一旦在宅勤務制度の利用を禁止し、定時出社を命じることが望ましいです。なぜなら在宅勤務のままでは上司による十分な労務管理や体調確認（ラインケア）が難しく、適切な業務軽減措置が取れなかったり、長時間残業が漫然と続いてしまうおそれもあるからです。また、業務を軽減された上で在宅勤務を続けるTさんに対して、「サボっているだけではないか」と感じる同僚が増えて、職場の雰囲気が悪くなる可能性もあります。定時の出社すらできないのであれば、現状では労務の提供が難しいと判断して休職を勧めるべきでしょう。主治医も会社の制度を十分に理解せずに診断書を書いてくることが多いので、外来に同席して正確な状況を説明すれば、理解してもらえる場合が多いはずです。

●事情によっては柔軟な対応も

ただ本ケースは自宅と会社が遠く、通勤時間が往復で4時間もかかってしまいます。またTさんの主張通りであれば、メンタルヘルス不調の発症に長時間労働が関係していた可能性があります。このような個別事情がある場合には、従業員の要望にも一定程度配慮することも検討してください。たとえば厳格に残業を禁止した上で、週2〜3日程度は在宅勤務を認めて経過を見る、という方法もあります。ただしその際にも将来のトラブルを防ぐために、「再度体調悪化や勤怠の乱れがあった際には在宅勤務の利用をやめて休職に入る」という同意を得ておくべきです。

実際の経過

まず体調不良で就業制限がかかる従業員は在宅勤務制度の対象外であり、業務軽減措置をしつつ在宅勤務を続けてもらうことは原則としてできないことを説明しました。一方で通勤の負担が重いTさんの事情も考慮し、「2ヶ月程度は業務軽減の上で週2日の在宅勤務を認め、残り週3日の就労状況に問題ないことが確認できれば就労制限を解除する」という枠組みを決めました。

また毎週上司が面接する機会を設けて負担感の強い業務を洗い出し、別の業務に振り替えたところ、ほとんど残業せずにある程度のアウトプットが出せるようになりました。予定通り2ヶ月後には週4日の在宅勤務に戻りましたが、その後は生活リズムの乱れなく安定した就労が続けられています。

本ケースから学ぶべきこと

多様な働き方を促進すること自体は望ましい変化ですが、前提として一人ひとりに「長時間労働をしない、させない」意識付けが必要になります。先進的な制度を導入する前に、その前提となる長時間労働対策が十分にできているか確認してみてください。

なお働き方改革とは少し異なりますが、長時間労働対策の一環として、「勤務間インターバル制度」の導入が注目されています。これは1日の勤務の後、次回（翌日）の勤務までの間に一定のインターバル（休息）を取ることを義務付けるもので、欧州ではすでに導入実績があります。たとえばインターバルを11時間とすると、前日に23時まで深夜残業をした従業員は、翌日は10時からしか働くことができないことになります。

この制度の目的は、シフト勤務など不規則な勤務体系でも十分な睡眠・休養時間を確保すると共に、極端な長時間労働の発生を抑制することにあります。仮にインターバルを11時間にして昼休みを1時間とすれば、会社にいる時間は最大で1日12時間となります。休日出勤の有無にもよりますが、長時間労働の削減にも一定の効果は期待できそうです。

一方、本ケースで紹介した在宅勤務の事例と同様に、「深夜残業→出社が遅くなる→深夜残業が増える」といった悪循環で、かえって不健康な就業リズムが癖になってしまう可能性も否定できません。またインターバル制度は不規則な勤務体系があり得ることを前提としており、定時帰宅デーの設定など、全社的な残業削減の取り組みと矛盾する場合もあります。このようなメリットとデメリットを考慮した上で自社に合った工夫を考えてみてください。

おわりに

　本書は、私が定期的に開催しているセントラルメディカルサポート（ＣＭＳ）産業衛生研究会で、多くの産業医、弁護士、産業保健師、カウンセラー、人事労務担当者の方々とケーススタディを通じて議論してきた内容をまとめたものです。

　産業医は、従業員が心身とも健康に仕事が続けられるよう、専門的見地から指導・助言する立場にいます。私自身が心療内科を専門としていることもあり、これまで様々な会社のメンタルヘルス対策や、従業員の休復職のサポートに関わってきました。その中で、メンタルヘルス不調者の言動に振り回されて職場が疲弊してしまうなど、会社がいわゆる「対応困難な事例」と感じ、産業医としての指導、助言を求められたケースや、メンタルヘルス不調者の対応で非常にストレス負荷のかかった上司や人事労務担当者の方が、二次的にメンタルヘルス不調になりかけて相談にいらしたことも少なからず経験しています。

　産業医活動を通じて実感したことは、メンタルヘルス不調者対応には「問題点の正確な把握」「医学的見地からの病態の理解」「事例性と労務コンプライアンスを考慮した過不足ない就業上の配慮」の３つの視点が欠かせないということです。本書ではこの３つの視点を意識して、メンタルヘルス対策とメンタルヘルス不調者の対応をご紹介し、その中に私なりのコツや工夫をできるだけ盛り込んだつもりです。

メンタルヘルス不調者が、十分な職務遂行能力を発揮できないことが多かったり、周囲とのトラブルが生じがちなことは事実です。しかし、会社が多くの従業員の集合体である以上、ストレスで調子を崩してしまう従業員が出ることを完全に防ぐことはできませんし、体調不良の従業員を全員排除すれば組織が健全になるわけでもありません。適切な労務管理によりメンタルヘルス不調者の職場への適応を高めることが、結局は誰にとっても働きやすい職場環境につながり、会社全体の生産性向上にも資することになります。

本書が、メンタルヘルス対策や労務コンプライアンスについてどう対応すればよいか分からず、苦慮されている人事労務担当者の方々の一助になればと思います。そして、それがメンタルヘルス不調に陥った方を含めて、職場で働くすべての方の心身の健康管理に役立つものとなれば、これほど嬉しいことはありません。

最後に、本書を執筆するにあたって、第一法規編集担当の岩﨑良子さんに多くの協力をいただいたことに、心から感謝します。ありがとうございました。

2017年11月

石澤 哲郎

石澤 哲郎
（いしざわ・てつろう）

1975年神奈川県生まれ。東京大学医学部を卒業後、早稲田大学統括産業医や東京大学医学部附属病院心療内科助教（医局長）などを経て、現在は産業医事務所セントラルメディカルサポート代表。心療内科専門医、総合内科専門医、医学博士等の資格を有し、東京大学医学部附属病院心療内科の非常勤講師として教育活動にも従事している。メンタルヘルス分野の専門性をいかし、30社以上の顧問先企業で休復職対応や長時間労働対策、健康経営推進などに関する取り組みを行うとともに、法務博士（司法試験合格）の知識を活用して長時間労働やハラスメント問題などに関連した労務トラブルに関する助言も行っている。

サービス・インフォメーション

通話無料

①商品に関するご照会・お申込みのご依頼
TEL 0120(203)694／FAX 0120(302)640

②ご住所・ご名義等各種変更のご連絡
TEL 0120(203)696／FAX 0120(202)974

③請求・お支払いに関するご照会・ご要望
TEL 0120(203)695／FAX 0120(202)973

●フリーダイヤル(TEL)の受付時間は、土・日・祝日を除く9:00～17:30です。

●FAXは24時間受け付けておりますので、あわせてご利用ください。

心療内科産業医と向き合う
職場のメンタルヘルス不調
～事例で解説　会社と社員が最適解を導く方法

平成29年12月10日　初版発行

著者　石澤 哲郎

発行者　田中 英弥

発行所　第一法規株式会社
〒107-8560　東京都港区南青山2-11-17
ホームページ　http://www.daiichihoki.co.jp/

ブックデザイン　中川 英祐(トリプルライン)

産業医メンヘル　ISBN978-4-474-05882-8　C2234(6)